Serra da Estrela

Os melhores locais para observar aves

Gonçalo Elias

Serra da Estrela

Os melhores locais para observar aves

Título: Serra da Estrela
                              Os melhores locais para observar aves
Autor: Gonçalo Elias
Revisão do texto: Ricardo Brandão, José Conde, Samuel Duarte
Fotografia da capa: Melro-das-rochas *Monticola saxatilis*
                              (Tomás Martins)
Ilustrações digitais: C. Maria Elias
Produção: C. Maria Elias
Impressão: Createspace.com
Distribuição: Amazon.com

1ª edição, Agosto 2018

ISBN: 978-1723275951

Print On Demand

Contacto: goncalo.elias@gmail.com

ÍNDICE

SERRA DA ESTRELA – OS MELHORES LOCAIS PARA OBSERVAR AVES

A serra da Estrela

Situada no interior da região centro do país, na transição da Beira Baixa para a Beira Alta, a serra da Estrela é a cordilheira mais alta de Portugal Continental (ver mapa de localização na pág. 8).

A serra tem uma orientação nordeste-sudoeste, distribuindo-se por dois distritos (Castelo Branco e Guarda) e seis concelhos (Celorico da Beira, Covilhã, Gouveia, Guarda, Manteigas e Seia). O seu cume eleva-se a 1993 metros acima do nível do mar, num local denominado Torre.

Na serra nascem dois rios importantes: o Mondego, que nasce nas Penhas Douradas, dirige-se para nordeste, passando perto da Guarda, e depois inflecte para sudoeste, corre junto a Celorico da Beira e banha Coimbra, para finalmente se lançar no mar na Figueira da Foz; e o Zêzere, que nasce junto ao Cântaro Magro e flui para norte através de um belo vale glaciário, até chegar a Manteigas, virando então para leste e depois para sul, passando perto da Covilhã e seguindo para sudoeste, até desaguar no rio Tejo em Constância.

Desde 1976 a serra constitui uma área protegida, denominada **Parque Natural da Serra da Estrela** (PNSE). A área do parque já foi alterada por duas vezes desde a sua criação, mas no essencial abrange a quase totalidade das zonas situadas acima dos 900 metros de altitude, bem como algumas das terras envolventes a cotas inferiores. Os locais e percursos descritos neste guia referem-se a zonas que integram o PNSE ou que já o integraram no passado, antes da alteração de limites decretada em 2007, que excluiu as denominadas 'zonas de transição'.

O acesso aos andares superiores da serra é possível graças às várias estradas nacionais que percorrem a zona e que servem diversos locais a cotas mais altas. As mais importantes são:

- a N232, que faz a ligação entre Gouveia e Belmonte, passando pelas Penhas Douradas e por Manteigas;
- a N338, que liga Vide a Manteigas, passando por Loriga, pela Lagoa Comprida, por Piornos e pelo vale glaciário do Zêzere;
- a N339, que liga Seia à Covilhã (mas sendo interrompida entre a Lagoa Comprida e Piornos para dar lugar à N338).

Mapa de Portugal mostrando a localização
do Parque Natural da Serra da Estrela
e de algumas cidades

Observar aves na serra da Estrela

A serra da Estrela é um dos melhores locais de Portugal para observar espécies características de altitude, muitas das quais são escassas e difíceis de encontrar no resto do país. Para além destas, ocorrem na região muitas outras espécies de aves que, embora não sendo exclusivas das terras altas, são próprias do interior do país. No seu conjunto, a serra da Estrela constitui um destino muito interessante para realizar observação de aves.

No que se refere à paisagem e à avifauna, podemos considerar três zonas distintas, cada uma com as suas espécies características: as terras baixas, o andar intermédio e o andar superior. Seguidamente apresenta-se uma breve descrição de cada um destes andares e dão-se alguns exemplos de aves características dessa zona.

As **terras baixas** ou **andar basal** – este sector compreende todos os terrenos situados abaixo dos 800-900 metros de altitude; a paisagem é dominada por terrenos agrícolas em mosaico, pastagens e manchas florestais de pinheiros, carvalhos e castanheiros, entre outras espécies. Existem também matagais de dimensão variável e algumas matas ripícolas, onde predomina o amieiro. É também neste andar que se encontra a quase totalidade das habitações humanas, em aglomerados de dimensão variável (cidades, vilas, aldeias e povoado disperso). A diversidade de aves é elevada e aqui ocorrem numerosas espécies que não estão presentes em zonas mais elevadas, como por exemplo a rola-brava, a fuinha-dos-juncos, a toutinegra-carrasqueira, o papa-figos, a pega-rabuda, o pardal-montês, o pardal-francês, a escrevedeira-de-garganta-preta, o trigueirão ou o exótico bico-de-lacre. Para permitir uma boa exploração das terras baixas, foram seleccionados seis locais:

- Baixa do rio Seia (Seia)
- Aeródromo de Pinhanços (Seia)
- Sandomil (Seia)
- Loriga (Seia)
- Unhais da Serra (Covilhã)
- Linhares da Beira (Celorico da Beira)

O **andar intermédio**, que se desenvolve aproximadamente entre os 900 e os 1600 metros de altitude, é dominado por matos, principalmente de giesta e urze, mas há também algumas manchas florestais, sobretudo de pinheiro-bravo, pinheiro-de-casquinha, carvalho-negral e bétula (saliente-se contudo que os incêndios de 2017 afectaram largamente este andar, tendo muitos povoamentos florestais sido destruídos). Existem muito poucas localidades neste andar, sendo de referir a aldeia do Sabugueiro, a estância das Penhas da Saúde e a aldeia de Videmonte, havendo também algumas casas dispersas e unidades hoteleiras. Entre as espécies mais típicas e fáceis de encontrar no andar intermédio, merecem destaque a ferreirinha-comum, o papa-amoras, a felosa-de-bonelli, a sombria e a cia. Neste andar foram seleccionados os seguintes locais de observação:

- Videmonte (Guarda)
- Sabugueiro (Seia)
- Nave de Santo António (Manteigas)
- Penhas da Saúde (Covilhã)
- Covão da Ametade (Manteigas)
- Vale do Rossim (Gouveia)
- Penhas Douradas (Gouveia / Manteigas)
- Covão da Ponte (Manteigas)

Por fim, temos o **andar superior**, que abrange as áreas de altitude superior a 1600 metros. Esta zona está acima do limite superior das árvores e a vegetação é composta apenas por estrato arbustivo e herbáceo, havendo também muitos afloramentos rochosos. Há diversas lagoas, muitas delas transformadas em represas. A neve está presente durante uma grande parte do ano. A diversidade de aves é menor que nos restantes andares, mas é aqui que há as melhores oportunidades de observar algumas espécies características de altitude, como o chasco-cinzento, o melro-das-rochas, a laverca, a petinha-dos-campos, a ferreirinha-alpina, o melro-de-peito-branco e a escrevedeira-das-neves.

Para explorar o andar superior sugerem-se os seguintes locais:

- Lagoa Comprida (Seia)
- Planalto superior (Seia)
- Torre (Covilhã / Manteigas / Seia)
- Cântaro Magro (Manteigas)
- Piornos (Covilhã)

Neste guia são assim descritos 19 locais de observação, distribuídos por toda a área do Parque Natural ou pelas suas proximidades. Os sítios foram escolhidos tendo em conta a diversidade de espécies e a facilidade de acesso.

Todos os locais descritos neste livro são acessíveis de automóvel, mas em vários casos são sugeridos também pequenos percursos pedestres, que ajudarão a explorar melhor cada um dos sítios propostos.

No mapa da página 12 representa-se o Parque Natural da Serra da Estrela e indicam-se os locais de observação situados nas terras baixas (e também Videmonte, pertencente ao andar intermédio), ao passo que o mapa da página 13 contém um destaque a uma escala maior, com a representação dos locais situados na parte central da serra, pertencentes aos andares intermédio e superior.

Para cada um dos sítios seleccionados, apresenta-se uma breve descrição, assim como uma lista das espécies mais interessantes que aí podem habitualmente ser observadas e ainda algumas sugestões quanto à forma de o visitar.

A lista de espécies indicada para cada local não é exaustiva – constitui uma selecção de algumas aves mais prováveis de encontrar nesse local. Uma vez que a diversidade varia ao longo do ciclo anual, as espécies encontram-se agrupadas da seguinte forma:

- Residentes – espécies que podem ser encontradas ao longo de todo o ano, ainda que a sua abundância possa variar;

- Verão – migradores estivais que visitam o nosso território para nidificar; estão geralmente presentes de Abril a Setembro, dependendo das espécies;

- Inverno – migradores que não nidificam na região e surgem apenas durante os meses mais frios (geralmente de Outubro ou Novembro até Março).

Para além destas, pode haver outras espécies que ocorrem unicamente nas passagens migratórias ou de forma irregular – nestes casos é feita uma referência no texto, quando apropriado.

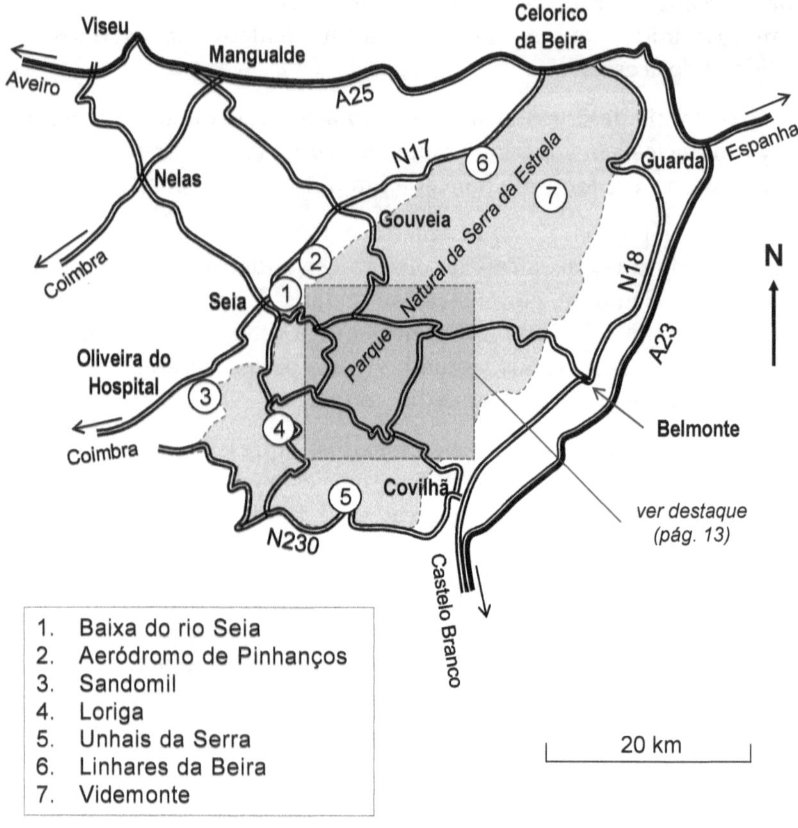

1. Baixa do rio Seia
2. Aeródromo de Pinhanços
3. Sandomil
4. Loriga
5. Unhais da Serra
6. Linhares da Beira
7. Videmonte

Mapa do Parque Natural da Serra da Estrela com indicação dos melhores locais de observação de aves nas zonas de baixa altitude

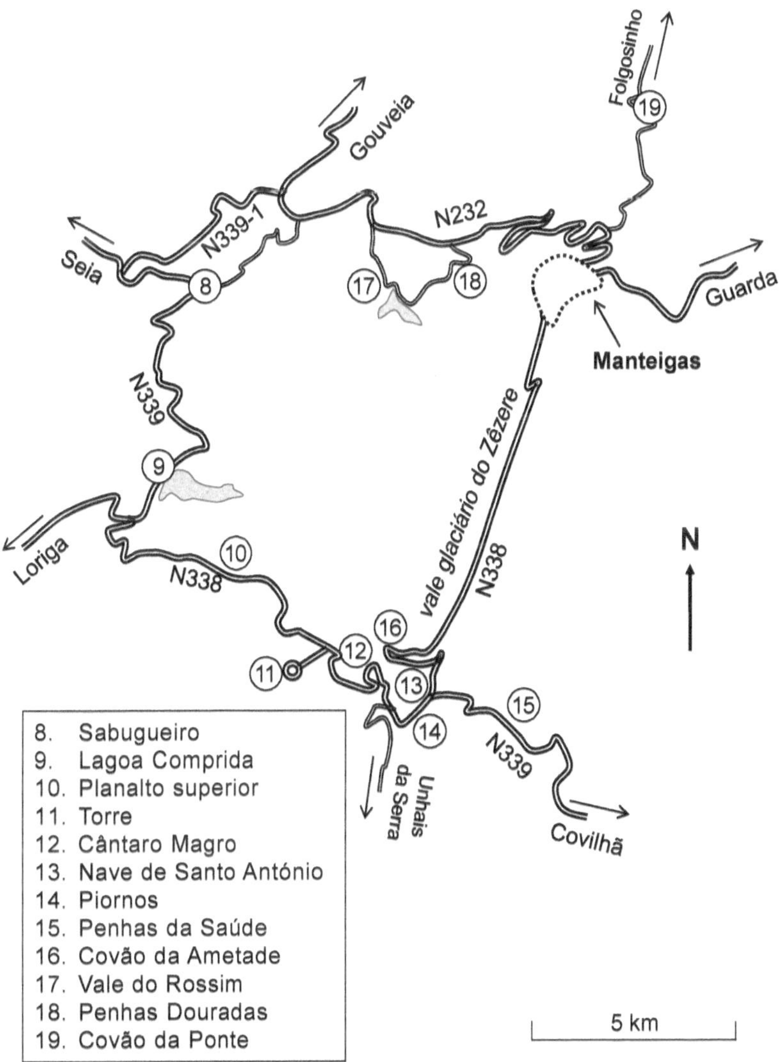

Mapa na zona central da serra da Estrela com indicação dos melhores locais de observação de aves nos andares intermédio e superior

Baixa do rio Seia

O rio Seia corre no vale situado em frente à cidade com o mesmo nome. Esta zona é percorrida por diversas estradas e caminhos, sendo o habitat composto por áreas agrícolas e bosquetes de pinheiros ou carvalhos. O local alberga uma boa diversidade de aves florestais.

Aves

Residentes: bútio-comum, pombo-torcaz, mocho-galego, pica-pau-verde, pica-pau-malhado-grande, cotovia-arbórea, carriça, cartaxo, fuinha-dos-juncos, chapim-rabilongo, chapim-de-poupa, chapim-azul, picanço-real, pega-rabuda, gralha-preta, estorninho-preto, pardal-montês, escrevedeira-de-garganta-preta, trigueirão, bico-de-lacre

Verão: milhafre-preto, águia-calçada, ógea, rola-brava, cuco-canoro, andorinhão-preto, poupa, felosa-poliglota, felosa-ibérica, papa-figos

Inverno: garça-real, gavião, abibe, laverca, petinha-dos-prados

Como visitar

Na parte baixa de Seia, junto ao supermercado Pingo Doce, existe uma rotunda com uma saída para nordeste. Esta saída conduz a outra rotunda, da qual sai um estradão de terra batida. Este estradão segue paralelo ao curso do rio Seia, atravessando uma zona de campos, vinhas, terrenos incultos e pequenos bosquetes. Sugere-se um percurso a baixa velocidade, com paragens frequentes para ir procurando as várias espécies. A primeira parte do percurso compreende sobretudo terrenos agrícolas; aqui observam-se a pega-rabuda, o picanço-real e o trigueirão, espécies pouco comuns nas zonas mais elevadas da serra.

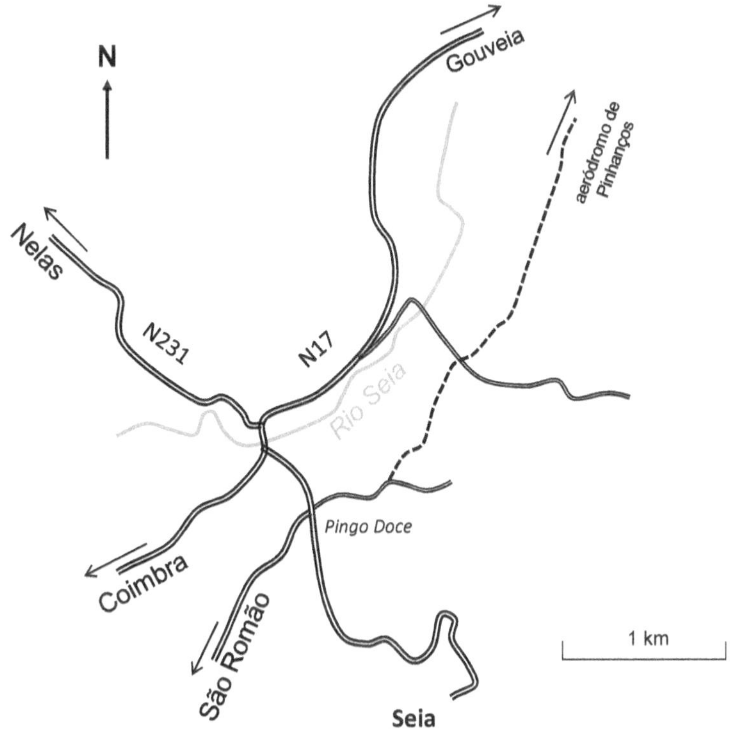

Ao fim de cerca de 1 km surge uma estrada alcatroada, mas o estradão continua em frente e começa a subir suavemente. Aqui há bosquetes de pinheiro e carvalho e ocorrem várias espécies florestais: rola-brava, pombo-torcaz, pica-pau-malhado-grande e papa-figos.

Ao longo de todo o percurso vale a pena ir olhando para o céu, a fim de procurar aves de rapina, que vêm frequentemente caçar nesta várzea. Também as andorinhas e os andorinhões aparecem por vezes em grande número para se alimentar.

Voltando à estrada alcatroada atrás mencionada, pode valer a pena segui-la para noroeste até chegar à pequena ponte sobre o rio Seia. Ao longo do rio existe uma galeria ripícola, composta essencialmente por amieiros, onde ocorrem o pisco-de-peito-ruivo e a felosa-ibérica.

Aeródromo de Pinhanços

Situado numa várzea, com uma vista esplêndida sobre a serra da Estrela, o aeródromo municipal de Seia é rodeado por campos agrícolas, vinhas e pequenos bosquetes de pinheiro e carvalho. Esta zona possui uma avifauna variada, sendo fácil encontrar várias espécies que estão ausentes dos andares mais elevados da serra.

Aves

Residentes: codorniz, bútio-comum, peneireiro-vulgar, pombo-torcaz, mocho-galego, andorinha-das-rochas, fuinha-dos-juncos, picanço-real, pega-rabuda, gralha-preta, estorninho-preto, pardal-montês, pardal-francês, pintarroxo, escrevedeira-de-garganta-preta, trigueirão

Verão: águia-calçada, rola-brava, andorinhão-preto, poupa, rouxinol-comum, felosa-poliglota, papa-amoras, felosa-ibérica, papa-figos

Inverno: abibe, narceja, laverca, petinha-dos-prados

Como visitar

O acesso a este local é bastante simples: sai-se de Seia seguindo pela N17 na direcção de Gouveia. Ao fim de 4 km, à entrada da localidade de Pinhanços, toma-se uma pequena estrada para a direita com a indicação 'aeródromo municipal'.

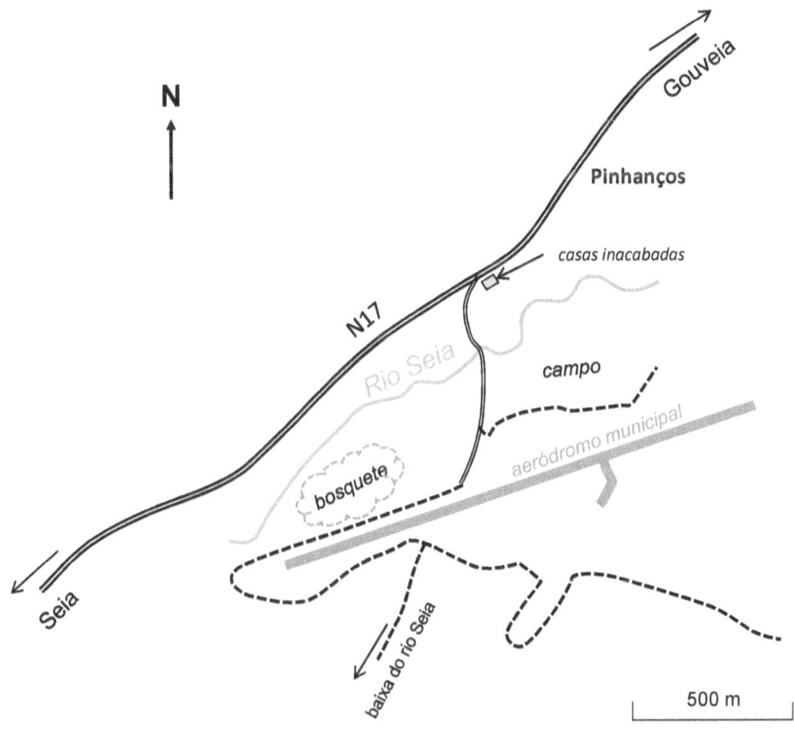

Logo ao início desta estrada, existem do lado esquerdo dois edifícios inacabados, que merecem observação, pois albergam frequentemente três espécies de pardais (comum, montês e francês), assim como a andorinha-das-rochas.

Cerca de 200 metros adiante, a estrada cruza o rio Seia. Aqui existe uma galeria de amieiros, que atrai diversos passeriformes. Logo a seguir, do lado esquerdo há um campo que é frequentado pela codorniz, pela gralha-preta, pela pega-rabuda e, por vezes, pelo picanço-real. No Inverno surgem por vezes abibes e lavercas e nas passagens podem aparecer outras espécies migradoras.

Um pouco mais à frente, ao chegar junto à pista de aviação, o alcatrão termina e dá lugar a um estradão de terra batida. Este estradão contorna o aeródromo pelo lado ocidental, passando junto a bosquetes de pinheiro e, do outro lado, junto a matos e vinhas. Esta zona é rica em insectívoros, como turdídeos, toutinegras e felosas. Também é possível contornar o aeródromo pelo lado nascente, mas este caminho é mais estreito e pode estar intransitável em certas épocas do ano.

Sandomil

Um local aprazível nas margens do rio Alva, a aldeia de Sandomil situa-se a uma cota de cerca de 300 metros, sendo um dos sítios de menor altitude do Parque Natural da Serra da Estrela. Aqui podem ver-se cinco espécies de andorinhas e, com sorte, o melro-d'água. Saliente-se que este sítio é muito procurado aos fins-de-semana, em especial durante o Verão, devido à praia fluvial.

Aves

Residentes: andorinha-das-rochas, alvéola-cinzenta, alvéola-branca, melro-d'água, pisco-de-peito-ruivo, rabirruivo-preto, tordo-comum, toutinegra-de-barrete-preto, estrelinha-real, chapim-azul, trepadeira-comum, gralha-preta, pardal-montês, tentilhão, verdilhão, escrevedeira-de-garganta-preta

Verão: andorinhão-preto, poupa, andorinha-das-barreiras, andorinha-das-chaminés, andorinha-dáurica, andorinha-dos-beirais

Como visitar

Sandomil fica a 14 km de Seia. Partindo desta cidade, toma-se a N17 na direcção de Coimbra; ao fim de cerca 8 km, perto de Torroselo (ao km 86), vira-se à esquerda na direcção de Sandomil. Os locais mais interessantes para observação situam-se junto ao rio Alva. Sugere-se que siga as indicações para a ponte romana.

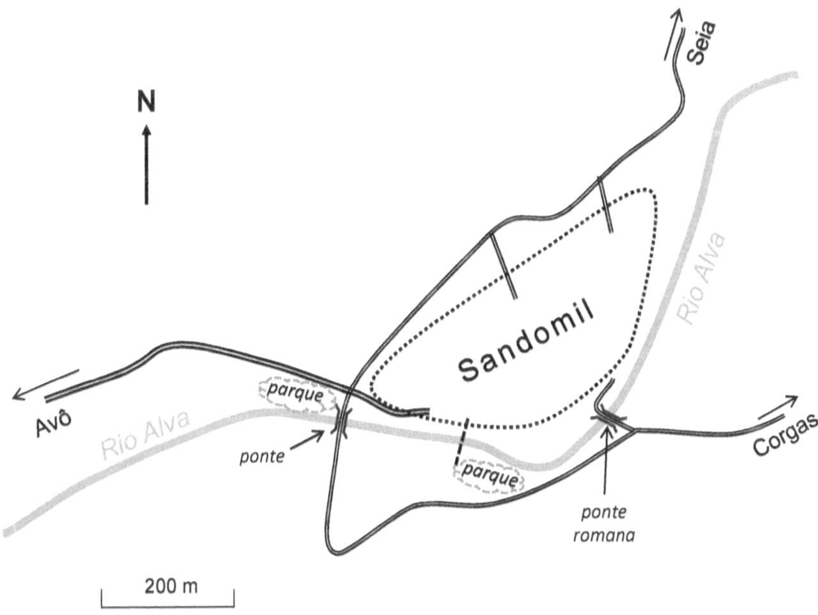

A partir desta ponte obtém-se uma boa vista sobre o rio, em ambas as direcções. Junto à mesma ou na cascata é fácil observar a alvéola-cinzenta e a alvéola-branca. O local também é frequentado pelo melro-d'água, mas esta espécie é bastante esquiva, sendo mais fácil de observar de manhã cedo. A andorinha-das-barreiras, espécie pouco comum na região da serra da Estrela, aparece por vezes em Sandomil.

Sugere-se que atravesse esta ponte e continue a pé ao longo da margem esquerda, até chegar a um parque com árvores frondosas, onde ocorrem diversas espécies florestais. Em anos recentes tem sido aqui observado, na época de nidificação, o tordo-comum – a ocorrência desta espécie como nidificante na Beira Alta só é conhecida há poucos anos. No final do parque, encontrará uma pequena ponte pedonal, que permite atravessar para a margem direita. Seguindo para jusante, chegará ao segundo parque arborizado, este junto a uma ponte mais moderna (também é possível chegar aqui continuando pela margem esquerda).

Em redor da aldeia há alguns campos agrícolas com sebes, assim como pequenas hortas. Nestes habitats é possível observar a escrevedeira-de-garganta-preta e o pardal-montês.

Loriga

Esta vila fica situada na vertente ocidental da serra da Estrela a 770 metros de altitude. Tem um enquadramento magnífico e é atravessada por duas ribeiras: a de São Bento e a da Nave. Estas duas ribeiras juntam-se na parte baixa da vila, formando a ribeira de Loriga, que corre para oeste em direcção ao rio Alvoco. Loriga é um bom local para procurar o melro-d'água.

Aves

Residentes: andorinha-das-rochas, andorinha-dos-beirais, alvéola-cinzenta, alvéola-branca, melro-d'água, pisco-de-peito-ruivo, rabirruivo-preto, tordo-comum, toutinegra-de-barrete-preto, chapim-real, gaio, corvo, tentilhão

Verão: andorinhão-preto, andorinhão-pálido, andorinha-dáurica, andorinha-dos-beirais, felosa-poliglota

Como visitar

Loriga fica situada a cerca de 18 km de Seia, sendo servida pela N231, que faz a ligação entre Seia e o lugar de Pedras Lavradas, no cruzamento com a N230. A vila desenvolve-se para baixo a partir da estrada, sendo a entrada feita pelo lado norte, perto do posto de turismo. Devido ao grande declive das suas ruas, esta localidade pode ser difícil de percorrer a pé, mas é possível chegar de carro até à parte inferior.

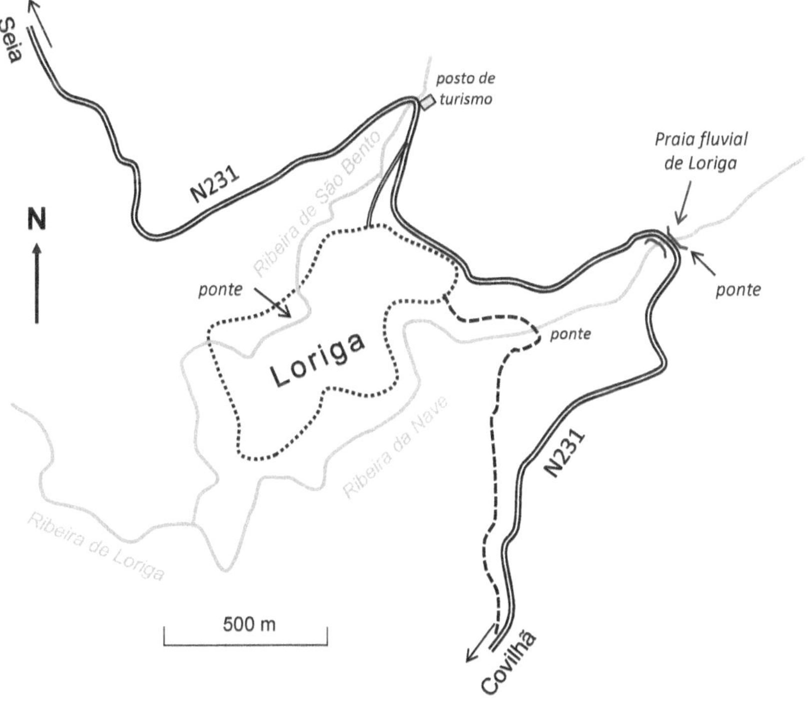

Entre as espécies mais frequentes no perímetro urbano são de referir as duas espécies de andorinhão (preto e pálido), a andorinha-das-rochas, a andorinha-dos-beirais e ainda o rabirruivo-preto.

Vale a pena inspeccionar as duas ribeiras que correm junto à vila, pois estes são os locais com mais potencial para o melro-d'água. A ribeira de São Bento tem duas pequenas pontes na parte baixa da vila. Já a ribeira da Nave é cruzada por uma ponte antiga, que apenas é acessível a pé.

Fora do núcleo urbano, os locais de mais fácil acesso situam-se junto à estrada N231, já referida. Devido ao tráfego automóvel, esta estrada não é muito apropriada para a observação, mas pode valer a pena parar junto às duas pontes. A ponte sobre a ribeira de São Bento situa-se ao lado do posto de Turismo – nesta zona já tem sido observado o tordo-comum a cantar durante a Primavera. Quanto à ponte sobre a ribeira da Nave, junto à praia fluvial, é maior e tem estacionamento, havendo também um pequeno café com esplanada, que funciona durante o Verão.

Unhais da Serra

Vila termal situada na vertente sul da Estrela, Unhais da Serra situa-se num local remoto com um enquadramento paisagístico de grande beleza. A ribeira de Unhais, que atravessa a vila, é um local de eleição para a observação do melro-d'água.

Aves

Residentes: gavião, cotovia-arbórea, andorinha-das-rochas, alvéola-cinzenta, alvéola-branca, carriça, melro-d'água, pisco-de-peito-ruivo, rabirruivo-preto, toutinegra-de-barrete-preto, estrelinha-real, chapim-azul, trepadeira-comum, gralha-preta, tentilhão, pintassilgo

Verão: águia-cobreira, águia-calçada, andorinhão-preto, andorinha-dáurica, papa-figos

Como visitar

A forma mais fácil de chegar a Unhais da Serra é a partir da Covilhã, seguindo pela N230 na direcção de Coimbra, passando por Tortosendo. Também é possível chegar até aqui a partir de Seia, seguindo pela N231 e passando por Loriga e Alvoco da Serra, mas o percurso é longo (mais de 50 km) e muito sinuoso.

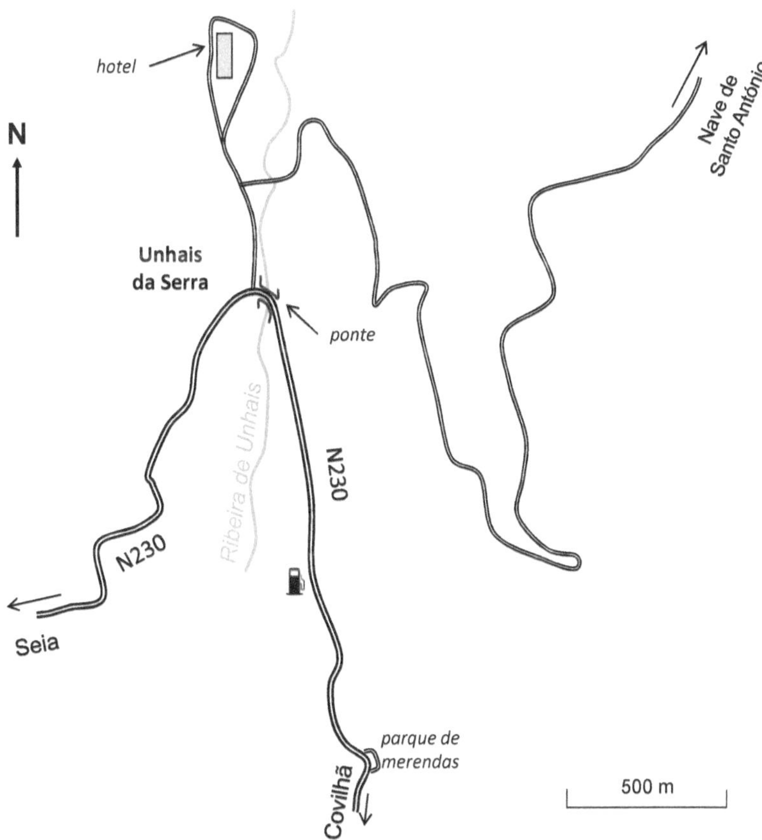

O local mais acessível para observar o melro-d'água é mesmo na vila, a partir da ponte da N230. Outras espécies habitualmente presentes no núcleo urbano são o andorinhão-preto, a andorinha-das-rochas e a alvéola-branca.

No extremo norte da vila situa-se um hotel (H2otel), que é rodeado por um parque de árvores frondosas. Aqui ocorrem diversos passeriformes de jardim, como o pintassilgo, o tentilhão e a estrelinha-real.

Nas imediações existem outros locais florestados, que também merecem prospecção. Um sítio bastante acessível é o parque de merendas junto à N230, quando se segue na direcção da Covilhã.

Para norte, ergue-se a serra da Estrela e o vale glaciário de Alforfa. Uma estrada sinuosa permite visitar terrenos de maior altitude, mas esta zona ardeu em 2017 e tem muitas áreas queimadas. Aqui ocorrem a águia-cobreira, a gralha-preta e a cotovia-arbórea. Esta estrada conduz à Nave de Santo António, contudo a parte superior desta estrada é pouco aconselhável, pois tem alguns troços em mau estado.

Linhares da Beira

Conhecida sobretudo devido ao facto de fazer parte da rede de 'Aldeias Históricas de Portugal', Linhares da Beira é um local de eleição para observar aves. A diversidade avifaunística é elevada e podem ser encontradas diversas espécies que são escassas no resto da região.

Aves

Residentes: pombo-torcaz, cotovia-arbórea, alvéola-branca, carriça, rabirruivo-preto, cartaxo, melro-azul, tordoveia, fuinha-dos-juncos, estrelinha-real, trepadeira-comum, chapim-rabilongo, chapim-de-poupa, chapim-azul, gralha-preta, pardal-francês, tentilhão, chamariz, verdilhão, escrevedeira-de-garganta-preta, trigueirão

Verão: codorniz, bútio-vespeiro, milhafre-preto, águia-cobreira, águia-calçada, rola-brava, cuco-canoro, andorinhão-preto, andorinha-dáurica, rouxinol-comum, felosa-poliglota, toutinegra-carrasqueira, papa-amoras, felosa-de-bonelli, felosa-ibérica, picanço-barreteiro, papa-figos

Como visitar

O acesso a Linhares é feito a partir da Carrapichana, que fica na N17 a meio caminho entre Celorico da Beira e Gouveia.

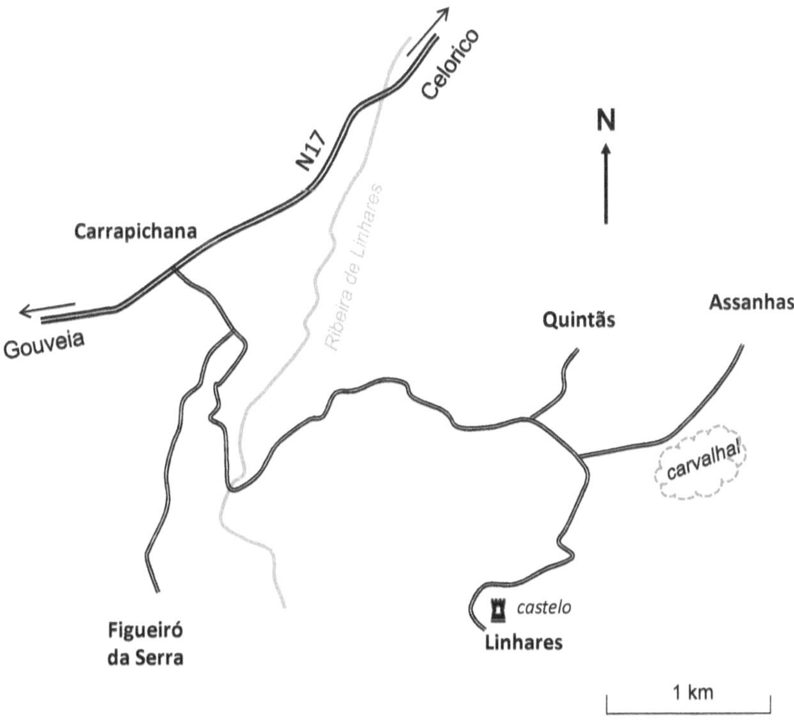

Ao fim de aproximadamente 1,5 km a estrada passa a pequena ribeira de Linhares, onde existe uma galeria ripícola. Este local merece uma paragem. Na Primavera ouve-se o canto do papa-figos. Também aqui ocorrem a carriça, a estrelinha-real e a escrevedeira-de-garganta-preta.

Um pouco mais adiante, a estrada começa a subir para a aldeia de Linhares, serpenteando por entre pequenos bosquetes de carvalho-negral e terrenos agrícolas com mato. Nesta área ocorrem alguns passeriformes interessantes, incluindo a cotovia-arbórea, a felosa-poliglota, a toutinegra-carrasqueira, a felosa-de-bonelli e o picanço-barreteiro (este último é muito escasso no resto da região).

Cerca de 2,5 km depois da ponte, surge uma estrada para a esquerda com a indicação 'Prados' e 'Assanhas'. Esta estrada atravessa um bosque de carvalho-negral, onde ocorrem a felosa-ibérica, diversas espécies de chapins e outras aves florestais mais comuns.

Voltando à estrada de Linhares e prosseguindo até esta aldeia, vale a pena visitar o castelo, onde nidificam o andorinhão-preto, o rabirruivo-preto e o pardal-francês – esta última espécie pousa frequentemente nas muralhas ou na torre de menagem. O melro-azul também costuma andar por aqui, tanto no castelo como no campanário da igreja.

Videmonte

Esta aldeia encontra-se situada numa das áreas menos conhecidas e menos visitadas da serra da Estrela, no rebordo de uma zona planáltica que atinge os 1287 metros no cume da Cabeça Alta. É uma área muito tranquila e que tem uma diversidade considerável de espécies de aves.

Aves

Residentes: pombo-torcaz, pica-pau-malhado-grande, cotovia-arbórea, laverca, andorinha-das-rochas, alvéola-branca, rabirruivo-preto, cartaxo, estrelinha-real, chapim-de-poupa, chapim-carvoeiro, trepadeira-comum, gaio, gralha-preta, pardal-montês, pardal-francês, tentilhão, pintarroxo, cia, trigueirão

Verão: codorniz, tartaranhão-caçador, rola-brava, cuco-canoro, andorinhão-preto, andorinhão-pálido, andorinha-dáurica, felosa-poliglota, papa-amoras, felosa-ibérica, sombria

Como visitar

Existem duas formas de chegar a Videmonte: a partir de Celorico da Beira ou Linhares, passando por Prados, ou a partir da Guarda, passando por Trinta. Em ambos os casos o acesso é feito por estrada asfaltada. O trânsito nesta zona é muito reduzido, o que permite fazer paragens para observação ao longo da estrada.

Para quem vem de norte (Prados), a estrada sobe até aos 1100 metros, passando perto de um parque eólico. Esta área é composta por matos, terrenos incultos e pequenos bosquetes – é o habitat de eleição da sombria, que em Maio e Junho faz ouvir o seu canto. Outras espécies típicas deste local são a codorniz, o tartaranhão-caçador e o trigueirão.

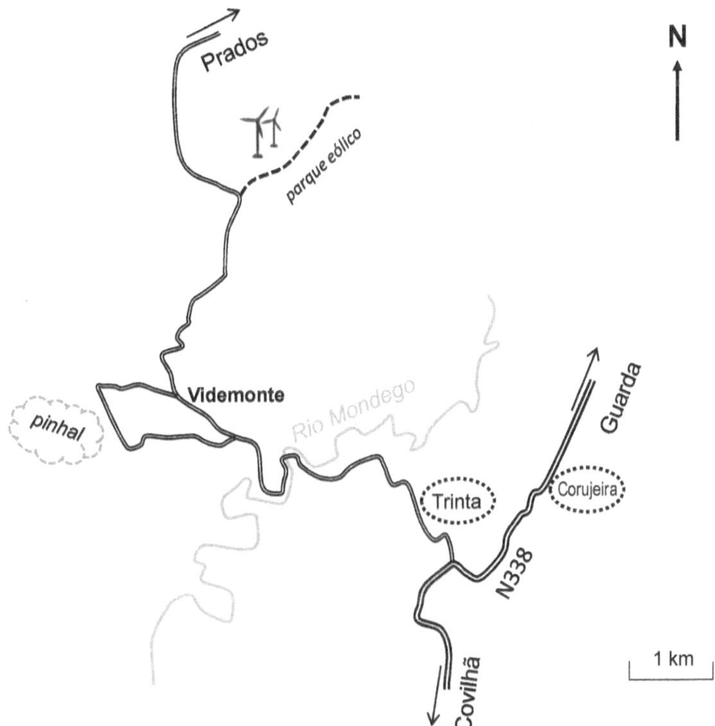

Alguns quilómetros mais à frente surge a povoação de Videmonte. Na aldeia é possível observar o pardal-francês – espécie que, tal como em Linhares, deverá nidificar nas construções do povoado, pousando por isso sobre os edifícios. Também o pardal-montês é frequente. Outras aves nidificantes que podem ser vistas no perímetro da aldeia são o andorinhão-preto e o andorinhão-pálido (este último mais escasso).

A oeste da aldeia, existe uma zona de pinhal-bravo maduro, onde ocorrem diversas aves florestais: pica-paus, chapins e trepadeiras são frequentes nesta zona.

Saindo na direcção da Guarda, a estrada atravessa uma zona com castanheiros, e desce até à ponte sobre o rio Mondego, onde ocorrem a andorinha-das-rochas e a andorinha-dáurica.

Sabugueiro

É a aldeia mais alta da serra da Estrela e uma das mais altas de Portugal, constituindo um local de fácil acesso para encontrar várias espécies de aves características do andar intermédio da serra. Na aldeia passa o rio Alva, que ruma para oeste em direcção ao Mondego.

Aves

Residentes: pica-pau-verde, laverca, andorinha-das-rochas, alvéola-cinzenta, alvéola-branca, melro-d'água, ferreirinha-comum, rabirruivo-preto, estrelinha-real, chapim-carvoeiro, chapim-de-poupa, tentilhão, chamariz, pintarroxo, cia

Verão: águia-cobreira, cuco-canoro, noitibó-da-europa, andorinhão-preto, papa-amoras, felosa-de-bonelli

Como visitar

O acesso ao Sabugueiro é feito pela N339, que sobe a serra a partir de Seia. Uma vez na aldeia, há dois locais principais com interesse para a observação de aves: a ponte do rio Alva e os pinhais da zona superior.

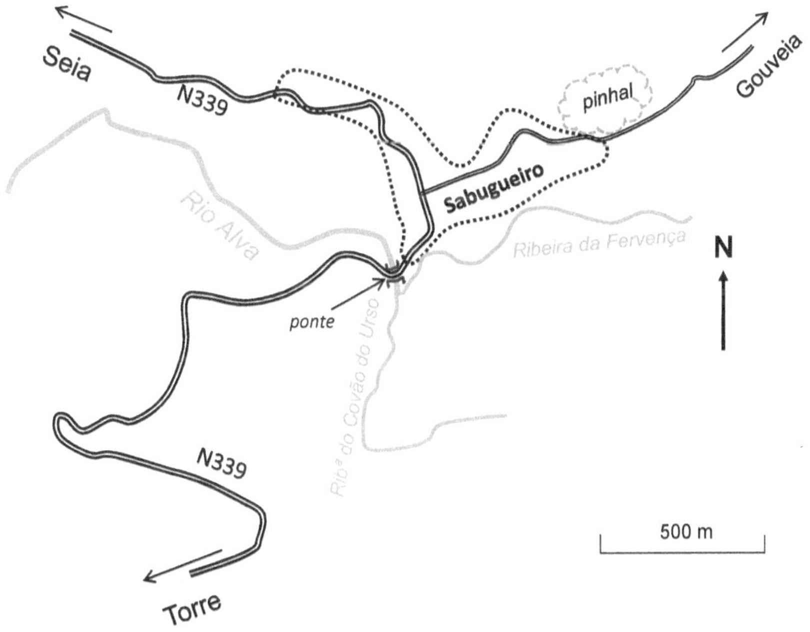

A ponte situa-se na parte baixa da aldeia, junto à saída para a Torre. É um ponto de observação estratégico para procurar o sempre furtivo melro-d'água, que pode por vezes ser visto sobre as rochas que emergem do leito do rio. Outras espécies que estão habitualmente presentes neste local são a alvéola-cinzenta, a alvéola-branca e a andorinha-das-rochas.

Dentro do núcleo habitacional é fácil encontrar o andorinhão-preto e o rabirruivo-preto.

Para chegar à parte superior deve procurar-se uma pequena estrada com a indicação 'Guarda, Manteigas, Gouveia' e segui-la até chegar ao topo da aldeia. Neste ponto, situado a cerca de 1120 metros de altitude, a estrada torna-se plana e atravessa um pequeno pinhal (era bastante mais extenso mas foi muito atingido pelo incêndio de Outubro de 2017). Aqui é possível encontrar diversas espécies florestais, nomeadamente felosa-de-bonelli, estrelinha-real, chapim-de-poupa e cia. Ao longo ouve-se, por vezes, o canto do cuco. À noite é frequente ouvir o canto do noitibó-da-europa.

Do lado noroeste da aldeia, ao longo da estrada para Seia, existem vastos giestais onde ocorrem a laverca, o papa-amoras e a cia.

Lagoa Comprida

Apesar do seu nome, a Lagoa Comprida não é uma verdadeira lagoa e sim uma albufeira, a maior de toda a serra da Estrela, mas cuja construção alagou uma antiga lagoa glaciária. Está situada a uma altitude de 1600 metros, acima do limite superior das árvores, e aqui é possível encontrar diversas espécies características de altitude.

Aves

Residentes: laverca, andorinha-das-rochas, alvéola-cinzenta, alvéola-branca, ferreirinha-comum, rabirruivo-preto, toutinegra-do-mato, corvo, pintarroxo, cia

Verão: petinha-dos-campos, chasco-cinzento, melro-das-rochas, papa-amoras, sombria

Inverno: petinha-dos-prados, petinha-ribeirinha, ferreirinha-alpina, melro-de-peito-branco

Como visitar

A Lagoa Comprida é servida pela N339. O acesso mais fácil é a partir de Seia (18 km), mas também é possível chegar aqui a partir da Torre ou de Loriga. Os locais a visitar são o paredão e a recta da Pragueira. O paredão é bastante longo e estende-se ao longo da estrada nacional. É possível estacionar do lado norte, junto a um pequeno conjunto de lojas que vendem produtos tradicionais da serra.

A partir daqui, pode-se percorrer o paredão (sendo fácil encontrar o rabirruivo-preto e a andorinha-das-rochas) ou então dar um pequeno passeio ao longo da margem norte da albufeira, o que permitirá observar o chasco-cinzento e o pintarroxo. Ocasionalmente, algum melro-das-rochas também se aventura junto ao paredão.

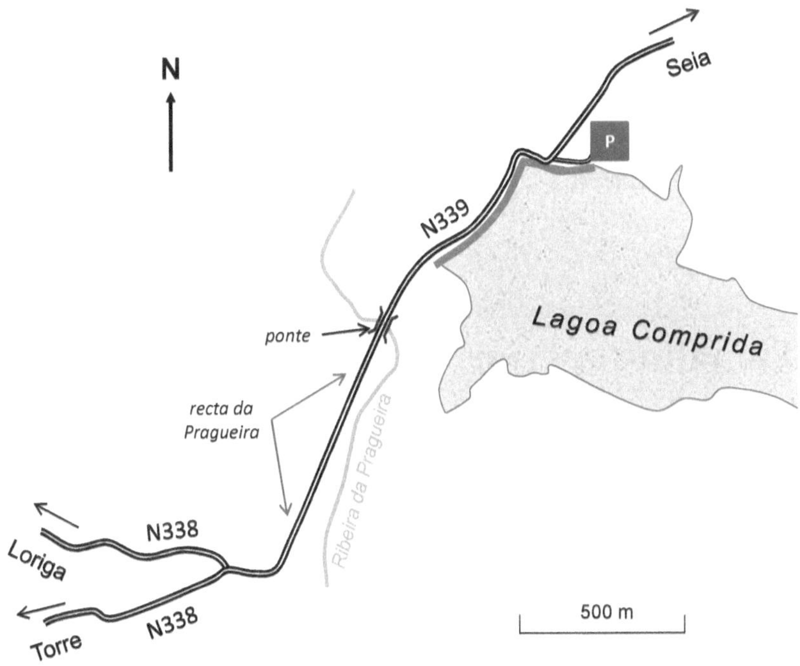

Seguindo pela N339 na direcção da Torre, e após passar o paredão, surge uma das rectas mais longas de toda a serra. É a recta da Pragueira. Aqui a paisagem é dominada por vastos urzais e afloramentos graníticos. É um bom local para encontrar diversas espécies características do estrato intermédio da serra, como a sombria, o papa-amoras ou a ferreirinha-comum. Esporadicamente vê-se um corvo ou uma ave de rapina. Junto à ponte sobre a ribeira da Pragueira observa-se a alvéola-cinzenta.

No Inverno a diversidade de aves é reduzida, pois algumas espécies normalmente consideradas residentes abandonam a zona. No entanto, a petinha-ribeirinha aparece por vezes neste local, assim como a ferreirinha-alpina e, ocasionalmente, o melro-de-peito-branco.

Planalto superior

Considera-se aqui toda a zona planáltica que se situa a noroeste da torre, a uma altitude entre os 1800 e os 1900 metros. Neste local não há árvores, sendo a vegetação dominada por zimbros, urzes e piornos. A densidade de chascos-cinzentos nesta área é das mais elevadas do país.

Aves

Residentes: laverca, alvéola-branca, ferreirinha-comum, rabirruivo-preto, tordoveia, gralha-preta, corvo, pintarroxo

Verão: tartaranhão-caçador, petinha-dos-campos, chasco-cinzento, melro-das-rochas

Inverno: ferreirinha-alpina, melro-de-peito-branco, tordo-zornal

Como visitar

A estrada N338, que faz a ligação entre Loriga e Manteigas, atravessa o planalto. A parte aqui considerada estende-se aproximadamente entre os km 24 e 29. A paisagem é aberta e o habitat é relativamente uniforme. A visita pode ser feita de automóvel, com paragens ao longo da estrada (há vários desvios onde é possível estacionar em segurança).

A laverca, o chasco-cinzento e o pintarroxo são bastante comuns ao longo de todo o percurso. Menos numerosos, mas também frequentes são a ferreirinha-comum, a petinha-dos-campos, o corvo e o tartaranhão-caçador. Ocasionalmente surgem aqui outras aves de rapina, nomeadamente abutres, águias, bútios ou falcões.

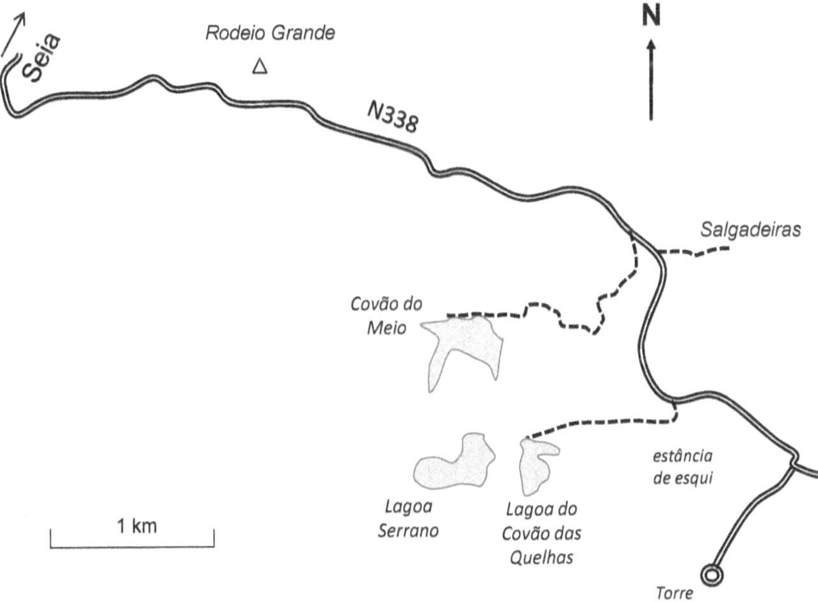

Também vale a pena efectuar alguns percursos pedestres. Uma boa opção é realizar a caminhada até ao Covão das Quelhas e à Lagoa Serrano. Ao longo deste trilho não é raro ver-se o melro-das-rochas. Além disso, em certos anos já aqui apareceram outras espécies de altitude mais características do nordeste transmontano, como a petinha-das-árvores ou o cartaxo-nortenho. Outra possibilidade é visitar a zona das Salgadeiras (para leste da estrada). Uma terceira alternativa será a de percorrer o trilho que conduz ao Covão do Meio, mas este percurso é íngreme e mais difícil.

Nos meses de Inverno a diversidade de espécies no planalto superior é muito reduzida – tal como sucede na maioria dos locais acima dos 1600 metros, até as espécies que em geral são consideradas residentes abandonam a zona, deslocando-se provavelmente para lugares a cotas inferiores. Mesmo em dias de sol, o número de aves é muito baixo, ainda assim vale a pena prospectar os zimbrais, por exemplo nas encostas junto ao marco geodésico 'Rodeio Grande', ou ao longo dos percursos acima mencionados, pois já aí têm sido vistos alguns melros-de-peito-branco (em especial no Outono) e bandos de tordos-zornais.

Torre

O cume da serra da Estrela é também o local mais elevado de Portugal Continental e situa-se na Torre. Daqui se alcança vastíssimo panorama e é possível encontrar algumas aves interessantes.

Aves

Residentes: laverca, andorinha-das-rochas, alvéola-branca, rabirruivo-preto, corvo, pintarroxo

Verão: petinha-dos-campos, chasco-cinzento, melro-das-rochas

Inverno: ferreirinha-alpina, petinha-dos-prados, petinha-ribeirinha, gralha-de-bico-vermelho, escrevedeira-das-neves

Como visitar

O acesso à Torre pode ser feito a partir de Seia, Manteigas, Loriga ou Covilhã, seguindo pela N338 ou N339. Perto do topo, toma-se depois a N338-1, que conduz ao cume. Chegando ao topo, existe uma enorme rotunda e há bastante espaço para estacionar (excepto nos fins-de-semana de Inverno). Junto a esta rotunda existe um pequeno centro comercial, um restaurante e diversos edifícios militares desactivados.

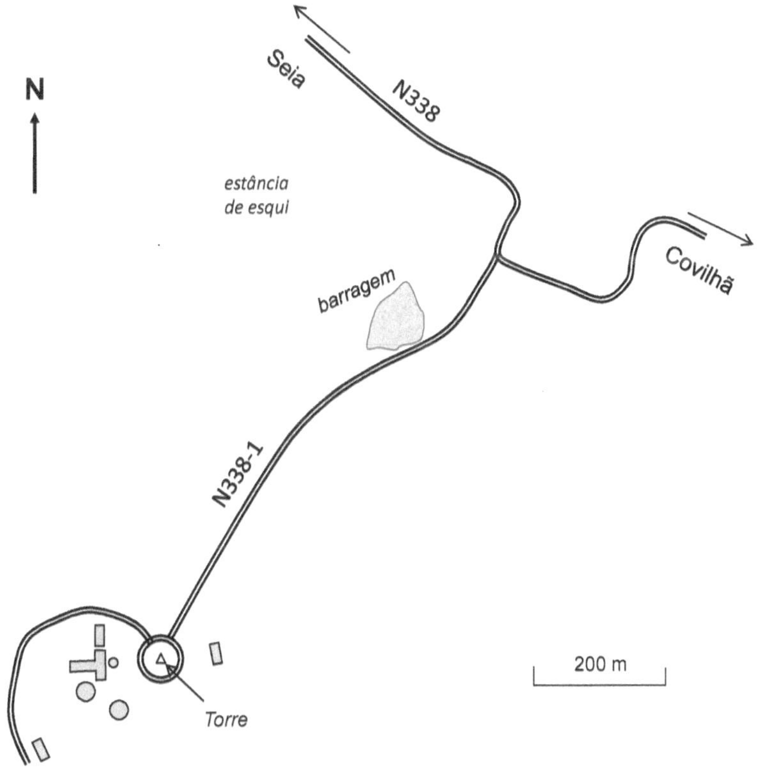

Durante a Primavera, as espécies dominantes são o chasco-cinzento, o rabirruivo-preto, a laverca, a petinha-dos-campos e o pintarroxo. Estas espécies são bastante numerosas em redor da Torre e por isso um pequeno passeio pedestre pela zona envolvente propiciará contacto com estas aves. O melro-das-rochas é menos comum, mas já tem sido observado neste local em diversas ocasiões. A partir do final do Verão e em especial no Outono, aparecem por vezes bandos de gralhas-de-bico-vermelho nesta zona.

No Inverno, o número de aves na Torre é muito baixo e, tal como no planalto superior, algumas espécies que normalmente são consideradas residentes no país estão ausentes deste local durante a época fria. Entre as pouquíssimas espécies que aqui ocorrem no Inverno merecem destaque a ferreirinha-alpina e a escrevedeira-das-neves. Ambas as espécies podem ser vistas junto ao parque de estacionamento, procurando alimento por entre a neve, embora a segunda seja mais escassa e não apareça todos os anos. Devido ao grande afluxo de turistas nesta época do ano, é essencial chegar bem cedo (especialmente aos fins-de-semana e nos períodos de Natal, Ano Novo e Carnaval), caso contrário poderá não encontrar sequer lugar para estacionar.

Cântaro Magro

Esta impressionante formação geológica, que se ergue acima dos 1900 metros de altitude, é um local de paragem obrigatória. A diversidade de espécies é reduzida, mas ocorrem aqui algumas especialidades.

Aves

Residentes: andorinha-das-rochas, ferreirinha-comum, rabirruivo-preto, corvo, tentilhão, pintarroxo

Verão: andorinhão-preto, melro-das-rochas

Inverno: ferreirinha-alpina, melro-de-peito-branco, trepadeira-dos-muros, gralha-de-bico-vermelho

Como visitar

O local fica a pouco mais de 1 km da Torre e é servido pela N338, sendo relativamente fácil de encontrar. Saindo da Torre na direcção da Covilhã, o Cântaro aparece, imponente, do lado esquerdo. Para quem vem da Covilhã ou de Manteigas, deve fazer-se a subida na direcção da Torre. Depois de passar o túnel e a 'Senhora da Boa Estrela' (uma escultura na rocha), o Cântaro Magro surge do lado direito da estrada.

No local existe um desvio que permite estacionar em segurança. A melhor forma de prospectar este local é em regime de 'observação estacionária', a partir deste desvio.

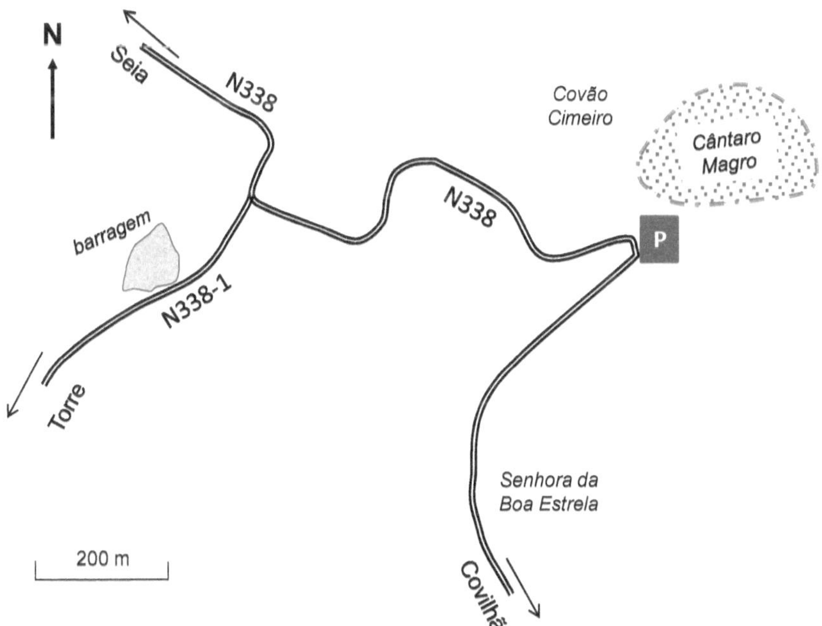

Entre as espécies que estão habitualmente presentes e são mais fáceis de observar, contam-se a andorinha-das-rochas, a ferreirinha-comum, o rabirruivo-preto e o pintarroxo. Uma prospecção mais atenta permitirá encontrar o raro melro-das-rochas, que ocorre nesta zona – este visitante estival pousa nos rochedos e entre Maio e Julho faz ouvir o seu canto.

No que se refere a aves de maior porte, a espécie mais frequente é o corvo, que por vezes aparece junto aos rochedos, sendo prontamente escorraçado pelas andorinhas. A gralha-de-bico-vermelho ocorre irregularmente – esta espécie foi mais frequente no passado e terá nidificado no local, mas actualmente o seu aparecimento é esporádico. Ocasionalmente observam-se aves de rapina, como águias ou abutres.

No Inverno o Cântaro Magro tem muito poucas aves e mesmo as espécies consideradas residentes tendem a deslocar-se para altitudes mais baixas durante os meses mais frios. No entanto, durante esta época os rochedos atraem pequenos bandos de melros-de-peito-branco e de ferreirinhas-alpinas, pelo que vale a pena prospectar com atenção. Neste local também já foi observada a rara trepadeira-dos-muros.

Nave de Santo António

Trata-se de um pequeno planalto, situado a 1540 m de altitude, que faz a junção entre os vales do rio Zêzere e da ribeira de Alforfa. Encontra-se coberto por vegetação arbustiva e herbácea, nomeadamente piornos, urzes e cervum. A paisagem circundante está repleta de blocos de granito e ao fundo erguem-se, imponentes, os cântaros. No extremo norte existe um pequeno bosque misto de resinosas e folhosas.

Aves

Residentes: cotovia-arbórea, laverca, andorinha-das-rochas, alvéola-branca, ferreirinha-comum, cartaxo, chapim-de-poupa, chapim-carvoeiro, trepadeira-comum, gralha-preta, tentilhão, pintarroxo, cia

Verão: codorniz, tartaranhão-caçador, papa-amoras, felosa-de-bonelli, sombria

Como visitar

O acesso a este sítio é relativamente simples, dado que fica muito perto da N338, junto ao cruzamento de Piornos. A forma mais conveniente de percorrer este local consiste em seguir o trilho (sinalizado) que atravessa a nave numa direcção sul-norte. Para isso, sugere-se o estacionamento do lado sul, junto ao topo na ribeira de Alforfa (próximo do início da estrada para Unhais), realizando a visita a pé a partir desse ponto. No entanto, também é possível fazer observação a partir da estrada nacional, usando os desvios existentes.

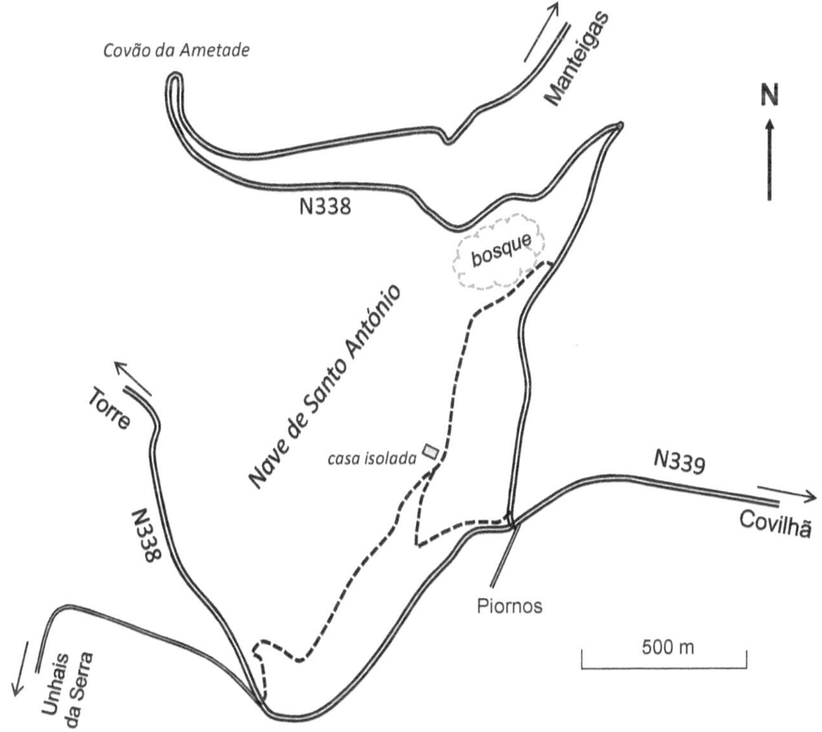

A Nave de Santo António destaca-se pela elevada densidade de papa-amoras e sombria, sendo um dos melhores locais da serra para observar estas duas espécies. Também a codorniz é habitual e o seu canto pode ser ouvido regularmente durante a época dos ninhos. O cartaxo e a gralha-preta, duas espécies pouco comuns a altitudes tão elevadas, são igualmente frequentes neste local.

O trilho atravessa a nave, passa junto à única construção existente e entra no bosque já referido, o qual é composto sobretudo por pinheiros, com alguns vidoeiros. Neste bosque ocorrem várias espécies de chapins e a felosa-de-bonelli, bem como outras espécies florestais mais comuns.

Após uma curva, chega-se à estrada nacional 338. O regresso pode ser feito pela estrada ou então percorrendo o trilho no sentido inverso. Na parte superior da estrada nacional fica Piornos, outro local muito interessante, que é descrito em mais pormenor na pág. 40.

Piornos

Situado na fronteira entre os distritos da Guarda e de Castelo Branco e na vizinhança do Centro de Limpeza de Neve, este local identifica-se facilmente pela enorme construção abandonada que surge isolada – trata-se da antiga estação do teleférico da serra da Estrela.

Aves

Residentes: cotovia-arbórea, laverca, andorinha-das-rochas, alvéola-branca, ferreirinha-comum, rabirruivo-preto, cartaxo, pintarroxo

Verão: andorinha-dáurica, petinha-dos-campos, chasco-cinzento, toutinegra-tomilheira, sombria

Inverno: ferreirinha-alpina, tordo-zornal, escrevedeira-das-neves

Como visitar

O Centro de Limpeza de Neve fica situado cerca de 2,5 km a oeste das Penhas da Saúde, junto ao cruzamento da N338 com a N339. Duas pequenas estradas paralelas, ambas de sentido único, fazem a ligação ao terreiro onde se situa a velha estação do teleférico. Aqui existe amplo espaço de estacionamento.

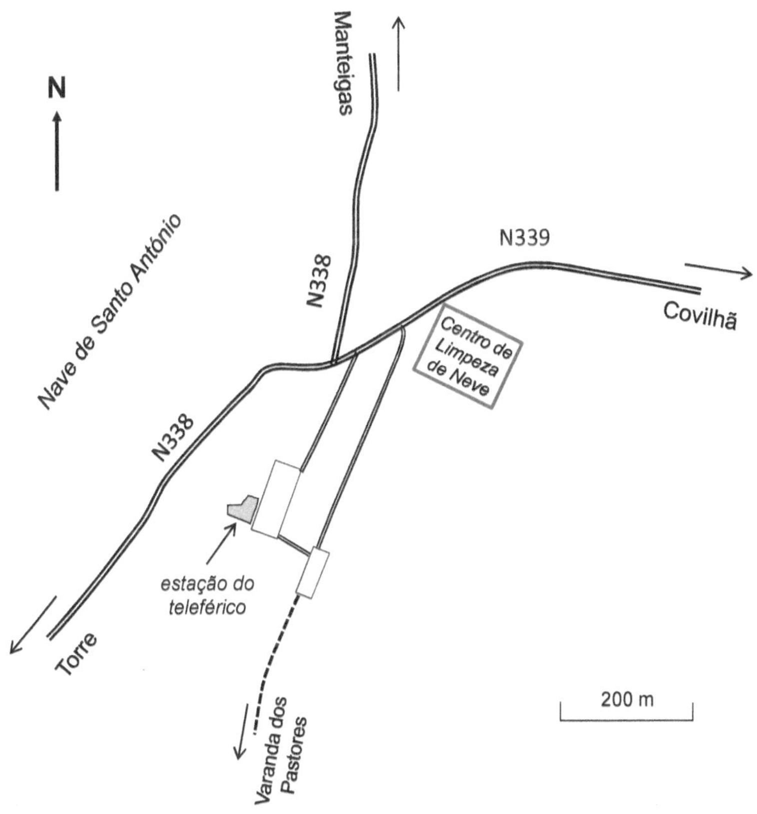

Neste local é possível observar várias espécies de passeriformes. A velha estação do teleférico atrai frequentemente a andorinha-das-rochas e o rabirruivo-preto.

Os terrenos envolventes estão cobertos por pequenos arbustos, destacando-se, pela sua abundância, o piorno-serrano, que dá o nome a este local. Nestes arbustos observam-se facilmente a ferreirinha-comum, a petinha-dos-campos e o pintarroxo. A sombria é frequente nestas encostas e o seu canto pode ser escutado desde Maio até meados de Julho. A toutinegra-tomilheira, espécie rara na serra, tem também sido vista em Piornos.

Para sul estende-se uma encosta pedregosa, com um trilho algo irregular, que conduz a uma zona a 1700 metros de altitude, denominada Varanda dos Pastores. Foi nesta área que, na década de 1990 se confirmou pela primeira vez em Portugal a nidificação do pisco-de-peito-azul. Em anos recentes não tem havido observações desta espécie, no entanto esta zona é pouco visitada, pelo que poderá haver aqui outras surpresas.

Penhas da Saúde

Numa encosta sobranceira à Covilhã fica situada a localidade mais alta da serra – as Penhas da Saúde. Uma vez que não tem uma população residente, dificilmente pode ser considerada uma verdadeira aldeia, mas antes uma estância de montanha, onde existem estabelecimentos hoteleiros, restauração e comércio. Do ponto de vista avifaunístico, é um dos locais mais interessantes da serra ao longo de todo o ano.

Aves

Residentes: laverca, andorinha-das-rochas, andorinha-dos-beirais, alvéola-cinzenta, alvéola-branca, ferreirinha-comum, rabirruivo-preto, estrelinha-real, chapim-de-poupa, trepadeira-comum, gralha-preta, corvo, tentilhão, verdilhão, pintarroxo, cia

Verão: tartaranhão-caçador, águia-calçada, andorinhão-preto, andorinhão-pálido, andorinha-dáurica, chasco-cinzento, felosa-poliglota, papa-amoras, felosa-de-bonelli, felosa-ibérica, sombria

Inverno: melro-de-peito-branco, tordo-ruivo, tordo-zornal, tentilhão-montês

Como visitar

A estrada nacional 339, que faz a ligação entre Covilhã e Piornos, atravessa as Penhas da Saúde. O local tem diversos arruamentos e amplo espaço de estacionamento. Dado que a estrada principal pode ter algum trânsito, sugere-se uma exploração por esses arruamentos secundários, assim como pelos trilhos existentes nas imediações.

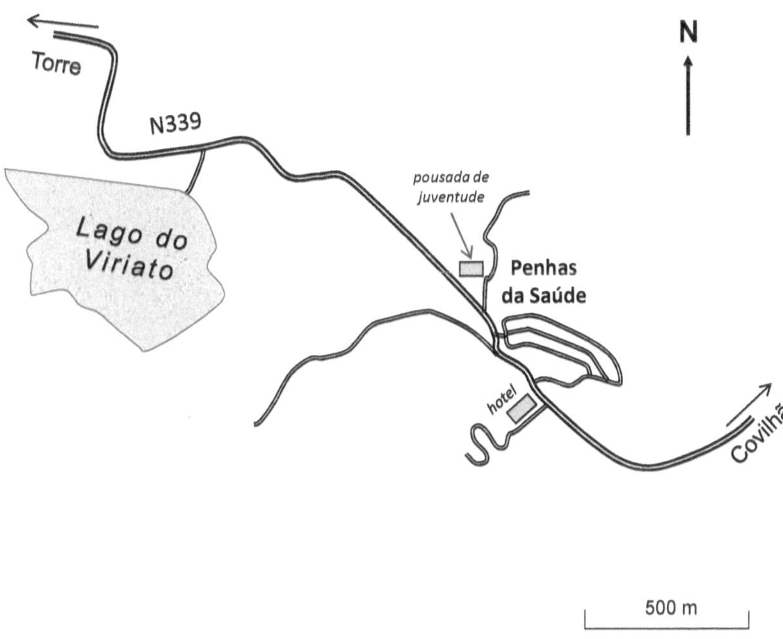

Junto às casas, as espécies mais habituais são a andorinha-das-rochas, a andorinha-dos-beirais (provavelmente estão aqui os ninhos mais elevados desta espécie em todo o país), a alvéola-branca, o rabirruivo-preto e diversas espécies de jardim.

Para oeste há uma pequena estrada que passa sobre uma pequena ponte, esta zona é bastante arborizada e aqui ocorrem diversos passeriformes florestais.

Nas zonas envolventes há giestais com afloramentos rochosos, onde ocorrem a laverca, a sombria e o tartaranhão-caçador.

Na estação fria, as Penhas da Saúde são provavelmente o melhor local da serra para observar os grandes turdídeos invernantes, que aqui vêm alimentar-se de bagas, especialmente em Novembro e Dezembro.

Covão da Ametade

Numa antiga depressão de génese glaciária, perto da nascente do rio Zêzere, o Covão da Ametade (ou Covão d'Ametade) é um dos locais mais aprazíveis da serra da Estrela. O local tem uma pequena mata de vidoeiros e uma vista esplêndida sobre o Cântaro Magro

Aves

Residentes: melro-d'água, alvéola-cinzenta, alvéola-branca, carriça, ferreirinha-comum, rabirruivo-preto, toutinegra-de-barrete-preto, felosa-comum, estrelinha-real, chapim-de-poupa, chapim-carvoeiro, chapim-azul, chapim-real, trepadeira-comum, tentilhão, chamariz, cia

Verão: rabirruivo-de-testa-branca, felosa-de-bonelli

Inverno: lugre

Como visitar

O local situa-se no vale glaciário do Zêzere, sendo servido pela estrada N338, que liga Manteigas a Piornos. Existe estacionamento, sendo a visita ao local feita a pé. Convém notar que ao fim-de-semana este covão é muito popular entre campistas e excursionistas. Recomenda-se assim uma visita durante a semana, pois a perturbação é menor. Refira-se também que este estacionamento é um local vulnerável a assaltos, por isso recomenda-se que não sejam deixados quaisquer objectos de valor no interior das viaturas.

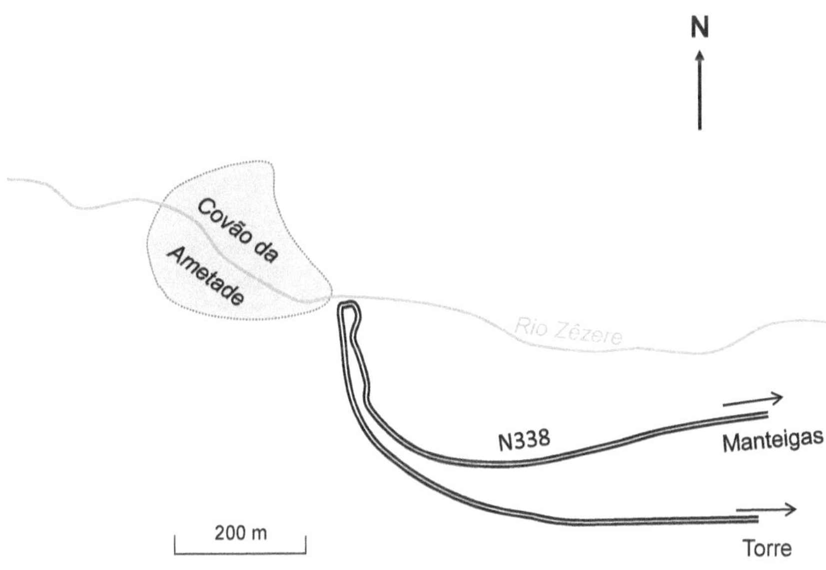

A entrada é feita por uma pequena rampa empedrada, que conduz ao interior do covão. Este é atravessado por um canal, que é na verdade o rio Zêzere. Vale a pena prospectar este canal, pois aqui ocorre o melro-d'água – esta espécie é, como sempre, bastante arisca e quando há muito movimento de pessoas pode refugiar-se em sítios mais escondidos.

Tal como é habitual nas linhas de água da serra, a alvéola-cinzenta também se observa regularmente ao longo do rio.

O arvoredo alberga uma boa variedade de passeriformes, nomeadamente chapins, tentilhões, trepadeiras e estrelinhas. O rabirruivo-de-testa-branca, espécie pouco frequente na serra, já tem sido observado neste local em anos sucessivos, assim como a felosa-comum durante a época de reprodução.

Vale do Rossim

Situado junto a uma barragem, com um parque de campismo, este local era até há pouco tempo composto por uma extensa floresta de resinosas e folhosas, infelizmente os incêndios de 2017 destruíram a maior parte do coberto arbóreo. Ainda assim, o local continua a merecer uma visita e a albergar uma boa variedade de passeriformes.

Aves

Residentes: andorinha-das-rochas, alvéola-branca, ferreirinha-comum, rabirruivo-preto, tordoveia, felosa-comum, estrelinha-real, chapim-de-poupa, chapim-carvoeiro, trepadeira-comum, tentilhão, cia

Verão: milhafre-preto, águia-cobreira, andorinha-dáurica, petinha-das-árvores, rabirruivo-de-testa-branca, felosa-de-bonelli

Inverno: corvo-marinho, petinha-ribeirinha, estrelinha-de-poupa, tordo-ruivo, tordo-zornal, tentilhão-montês, dom-fafe, cruza-bico

Como visitar

O acesso é feito a partir da N232, que liga Gouveia a Manteigas. Perto do km 43,3 há uma estrada para sul com a indicação 'V. Rossim'. Esta estrada atravessa uma zona de floresta ardida e ao fim de 1 km chega junto ao parque de campismo ('Vale do Rossim Eco Resort') e à barragem. Aqui vale a pena estacionar e explorar a pé.

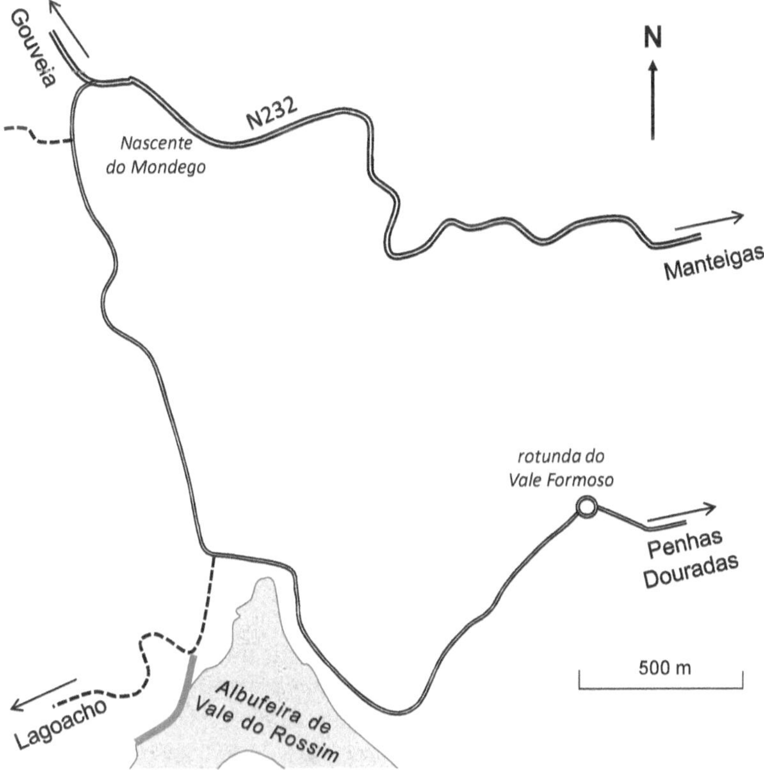

A zona mais próxima do parque de campismo escapou aos incêndios e aqui é possível encontrar ainda um bosque misto de resinosas e folhosas. Um percurso pedestre nesta zona permite observar diversos passeriformes, com destaque para a felosa-de-bonelli, que aqui ocorre em densidades elevadas. A felosa-comum, espécie que em Portugal é sobretudo invernante, já tem sido registada neste local em pleno mês de Junho, emitindo o seu típico 'chiff-chaff', e possivelmente nidifica.

A barragem propriamente dita não costuma atrair muitas aves aquáticas, embora na estação fria apareçam com regularidade corvos-marinhos-de-faces-brancas e, mais raramente, anatídeos. Nas margens observa-se a alvéola-branca e, no Inverno, a petinha-ribeirinha. Ao longo do paredão podem ver-se andorinhas e rabirruivo-preto.

Nos meses de Outono e Inverno este local atrai outros visitantes vindos do norte, como o dom-fafe ou o tentilhão-montês, que vêm alimentar-se nas bagas das tramazeiras plantadas ao longo da estrada.

Penhas Douradas

Este nome é bastante conhecido por ser aqui que se situa a principal estação meteorológica de altitude. Situada a cerca de 1400 metros de altitude, esta zona relativamente tranquila é composta por um misto de floresta e zonas abertas. Tem uma boa diversidade de espécies de aves.

Aves

Residentes: pombo-torcaz, pica-pau-malhado-grande, cotovia-arbórea, alvéola-branca, carriça, ferreirinha-comum, pisco-de-peito-ruivo, rabirruivo-preto, tordoveia, felosa-comum, estrelinha-real, chapim-de-poupa, chapim-carvoeiro, trepadeira-comum, gaio, gralha-preta, corvo, tentilhão, chamariz, cia

Verão: cuco-canoro, papa-amoras, felosa-de-bonelli

Inverno: lugre, cruza-bico

Como visitar

A melhor estrada para chegar a este local é a N232, que faz a ligação entre Gouveia e Manteigas (também é possível chegar a partir de Seia). Junto ao km 46 existe uma estrada com a indicação 'P. Douradas'. Esta estrada começa por atravessar uma zona densamente arborizada (com resinosas e folhosas), onde é possível encontrar diversos passeriformes florestais.

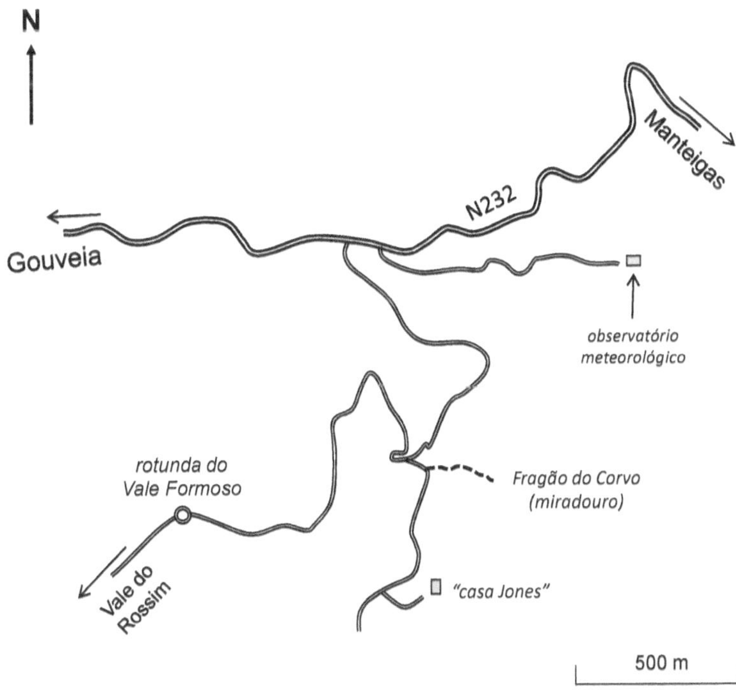

Mais adiante surgem várias casas dispersas (quase todas fechadas) e um pequeno hotel. Por fim chega-se a uma zona mais descoberta, onde dominam matos e afloramentos rochosos. Nesta zona é relativamente frequente encontrar pequenos bandos de tordoveias. Também ocorrem a cotovia-arbórea, a ferreirinha-comum, a petinha-dos-campos e a sombria. Esta estrada leva à rotunda do Vale Formoso. A partir deste ponto, a estrada começa a descer, continuando por aqui chega-se ao Vale do Rossim (pág. 46), mas esse troço encontra-se em mau estado.

Para além da estrada referida, há mais duas pequenas estradas pouco transitadas que merecem prospecção (ver mapa). Uma conduz ao miradouro do Fragão do Corvo (este acesso não é asfaltado) e à 'Casa Jones', numa zona dominada por matos; a outra, que parte da estrada nacional, tem a indicação 'observatório', e atravessa uma zona densamente arborizada com pseudotsugas e outras resinosas, onde é possível ver e ouvir mais aves florestais.

Covão da Ponte

Situado a 960 metros de altitude, nas margens do rio Mondego, o Covão da Ponte é um local agradável, bem arborizado, onde existem infra-estruturas de apoio à prática de campismo. O local alberga uma boa variedade de espécies de aves.

Aves

Residentes: pombo-torcaz, pica-pau-malhado-grande, pica-pau-verde, andorinha-das-rochas, alvéola-cinzenta, alvéola-branca, melro-d'água, carriça, ferreirinha-comum, pisco-de-peito-ruivo, rabirruivo-preto, tordoveia, toutinegra-de-barrete-preto, estrelinha-real, chapim-rabilongo, chapim-de-poupa, chapim-real, trepadeira-comum, gaio, gralha-preta, tentilhão, chamariz, pintarroxo, escrevedeira-de-garganta-preta, cia

Verão: tartaranhão-caçador, rola-brava, andorinhão-preto, andorinha-dáurica, rabirruivo-de-testa-branca, felosa-poliglota

Como visitar

Este local é bastante remoto, afastado das estradas principais, e para lá chegar é preciso percorrer estradas estreitas e sinuosas. Há dois acessos possíveis: um a partir de Manteigas, saindo pela N232 na direcção de Gouveia e virando no cruzamento ao km 57,5; a outra opção consiste em sair de Gouveia seguindo as indicações para o Curral do Negro, passando pela Portela de Folgosinho e seguindo até ao Covão. Um pouco a sul da ponte, existe um caminho não asfaltado, mas com acesso a automóveis, que permite descer até ao rio Mondego.

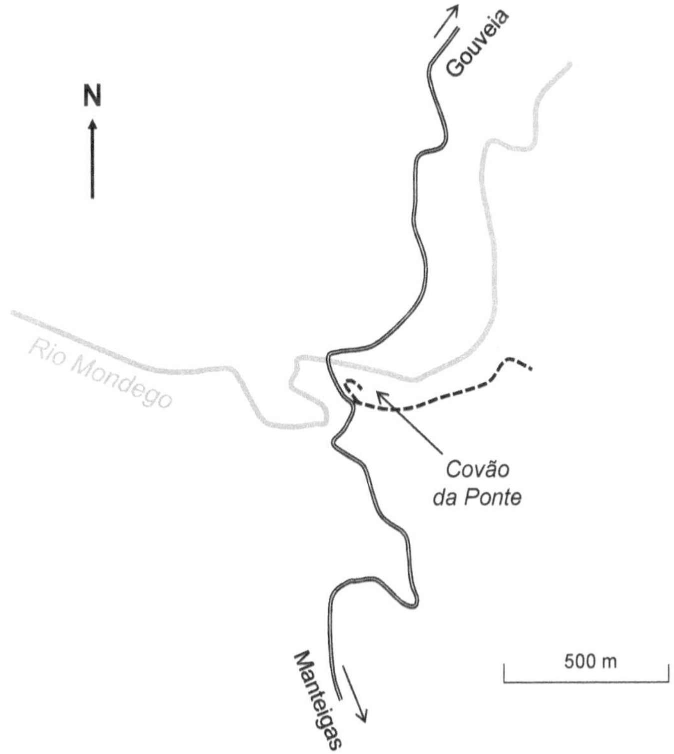

A melhor forma de visitar este local é a pé, percorrendo o espaço arborizado onde existem as mesas de piquenique. O arvoredo é frequentado por toutinegras, piscos, chapins, trepadeiras e pica-paus.

No rio Mondego é possível observar alvéola-cinzenta e, com sorte, o sempre arisco melro-d'água. Ocasionalmente aparece aqui o guarda-rios. Junto à ponte da estrada para Folgosinho observam-se andorinhas-das-rochas e dáuricas.

Para sul, ao longo da estrada para Manteigas, há alguns terrenos agrícolas onde ocorrem escrevedeiras, assim como o cartaxo. Em 2016 nidificou aqui o picanço-de-dorso-ruivo, mas esta espécie é muito rara na serra da Estrela e o seu aparecimento parece ser irregular.

Lista de espécies seleccionadas

Nesta secção apresenta-se uma lista de algumas espécies características da serra da Estrela e indicam-se os melhores locais de observação para cada uma delas.

Esta lista não pretende ser exaustiva e deixa de fora algumas espécies que são muito frequentes na região e no país, como por exemplo a rola-turca, a alvéola-branca, o melro-preto, o chapim-real, o pardal-comum ou o chamariz. Ficam igualmente de fora muitas espécies cuja ocorrência na zona é muito irregular ou mesmo acidental, como por exemplo a marrequinha, o guincho ou a calhandrinha-comum.

- Codorniz *Coturnix coturnix* – principalmente estival, a codorniz ocorre em diversos locais da região onde encontra o seu habitat de eleição (prados ou pastagens com ervas altas), nomeadamente no aeródromo de Pinhanços, na baixa do rio Seia, em Linhares da Beira, no planalto de Videmonte e na Nave de Santo António.

- Cegonha-preta *Ciconia nigra* – até ao início do século XXI havia dois casais nidificantes na serra da Estrela e a espécie podia ser vista com regularidade no vale glaciário do Zêzere e na garganta de Loriga, mas actualmente o seu aparecimento é muito irregular; esporadicamente observa-se junto à Lagoa Comprida, no planalto superior e noutros locais acima dos 1500 metros.

- Bútio-vespeiro *Pernis apivorus* – esta ave de rapina estival é escassa, mas é regular na serra da Estrela e aparece um pouco por toda a região; tem sido vista em locais como o aeródromo de Pinhanços, a zona de Linhares da Beira ou as Penhas da Saúde.

- Tartaranhão-caçador *Circus pygargus* – estival, já foi uma das aves de rapina mais comuns na serra da Estrela, mas actualmente parece ser menos abundante; pode ser visto em zonas de matos, por exemplo no planalto superior, nas Penhas da Saúde, na Nave de Santo António ou no planalto de Videmonte.

- Gavião *Accipiter nisus* – pequena ave de rapina residente, observa-se um pouco por toda a região, mas os seus hábitos furtivos fazem com que seja difícil de detectar; baixa do rio Seia, aeródromo de

Pinhanços e Unhais da Serra são alguns dos locais onde tem sido observada com regularidade.

- Águia-calçada *Aquila pennata* – esta águia é estival e embora seja pouco abundante observa-se regularmente na serra da Estrela; parece ser mais frequente nas terras baixas, como a baixa do rio Seia ou a zona de Unhais da Serra, mas não são raros os avistamentos a cotas mais elevadas.

- Abibe *Vanellus vanellus* – invernante pouco comum, cujos números variam muito uns anos para outros; esta limícola ocorre quase exclusivamente em zonas de várzea, como a baixa do rio Seia e o aeródromo de Pinhanços.

- Rola-brava *Streptopelia turtur* – migradora estival, é bastante frequente nos locais de menor altitude, especialmente na baixa do rio Seia e no aeródromo de Pinhanços; pode ocorrer em locais mais elevados, mas é rara acima dos 1000 metros.

- Noitibó-da-europa *Caprimulgus europaeus* – esta ave nocturna é estival e é razoavelmente frequente na região, mas os dados sobre a sua ocorrência são escassos; parece ser regular no Sabugueiro e nas Penhas Douradas.

- Andorinhão-preto *Apus apus* – nidifica na maioria dos aglomerados populacionais da região, sendo bastante numeroso em vários locais mencionados neste livro, como Sandomil, Loriga, Sabugueiro, Unhais da Serra e ainda em Seia, Gouveia ou Guarda. Aves em alimentação aparecem por toda a serra.

- Andorinhão-pálido *Apus pallidus* – pouco abundante, surge muitas vezes associado ao andorinhão-preto, podendo passar despercebido; ocorre nos mesmos habitats e já tem sido visto em Loriga, Videmonte e também em localidades de maior dimensão: Gouveia, Manteigas, Seia, Guarda e Covilhã.

- Andorinhão-real *Apus melba* – não nidifica na serra da Estrela, mas aves em alimentação podem por vezes ser vistas juntamente com outros andorinhões, em especial no final do Verão e no início do Outono.

- Pica-pau-verde *Picus viridis* – ave florestal residente pouco abundante mas bem distribuída pela região; parece ser mais frequente abaixo dos 1100 metros de altitude; entre os locais onde pode ser visto com regularidade são de referir o Covão da Ponte, o Sabugueiro, a baixa do rio Seia e o aeródromo de Pinhanços.

- Cotovia-arbórea *Lullula arborea* – residente razoavelmente comum, que se distribui por quase toda a região, embora não seja habitual encontrá-la acima dos 1600 metros; alguns dos melhores locais são: baixa do rio Seia, Linhares da Beira, Unhais da Serra, Sabugueiro e Penhas Douradas.

- Laverca *Alauda arvensis* – esta cotovia nidifica por toda a serra, sendo especialmente frequente nas zonas mais elevadas, como a Torre, o planalto superior ou a Lagoa Comprida, mas também ocorre em Videmonte ou nas Penhas da Saúde. Na estação fria alguns invernantes surgem em Pinhanços ou na baixa do rio Seia.

- Andorinha-das-barreiras *Riparia riparia* – é a andorinha mais rara da região; embora pareça ser regular em Celorico da Beira ou ao longo do vale do Alva perto de Oliveira do Hospital, só raramente se observa nos locais descritos neste guia; existem observações em Sandomil, Pinhanços e, pontualmente, noutros locais da serra.

- Andorinha-das-rochas *Ptyonoprogne rupestris* – residente e muito comum, pode ser vista em quase todos os locais referidos neste livro, sendo de fácil observação em Sandomil, Loriga, Piornos, Cântaro Magro ou Lagoa Comprida.

- Petinha-dos-campos *Anthus campestris* – esta petinha estival é bastante comum nos andares mais elevados da serra, em zonas com vegetação esparsa; os melhores locais de observação ficam na Torre, no planalto superior e em Piornos.

- Petinha-das-árvores *Anthus trivialis* – tal como a espécie anterior, é estival no nosso país mas nidifica quase exclusivamente a norte do rio Douro; em certos anos já têm sido detectados machos a cantar na serra da Estrela durante o mês de Junho, nomeadamente no Vale do Rossim e, pontualmente, no planalto superior.

- Petinha-ribeirinha *Anthus spinoletta* – espécie invernante na serra da Estrela, observa-se um pouco por toda a área, desde os locais mais elevados, como a Torre ou a Lagoa Comprida, até zonas a menor altitude, como a baixa do rio Seia.

- Alvéola-cinzenta *Motacilla cinerea* – residente e razoavelmente comum na serra da Estrela, ocorre sobretudo ao longo de linhas de água ou junto a represas; Sandomil, Loriga, Sabugueiro, Lagoa Comprida, Covão da Ametade e Penhas da Saúde são locais onde esta alvéola é presença habitual.

- Alvéola-amarela *Motacilla flava* – ocorre na região sobretudo durante as suas migrações, preferindo aparentemente as terras baixas, como o aeródromo de Pinhanços; no entanto, existe uma observação feita no mês de Junho na Nave de Santo António.

- Melro-d'água *Cinclus cinclus* – residente pouco comum, ocorre ao longo de linhas de água pouco poluídas, tanto na serra como nas terras baixas; pode ser visto em Sandomil, Loriga, Unhais da Serra, Sabugueiro, Covão da Ametade e Covão da Ponte.

- Ferreirinha-comum *Prunella modularis* – muito comum por toda a serra, frequentando zonas arbustivas, ocorre até às cotas mais elevadas; fácil de observar na Lagoa Comprida, no planalto superior, em Piornos, na Nave de Santo António e nas Penhas da Saúde.

- Ferreirinha-alpina *Prunella collaris* – espécie invernante que ocorre habitualmente na Torre durante os meses mais frios; ocasionalmente aparece na Lagoa Comprida ou no Cântaro Magro.

- Pisco-de-peito-azul *Luscinia svecica* – muito raro, nidificou na década de 1990 na zona de Piornos, mas não são conhecidas observações recentes.

- Rabirruivo-preto *Phoenicurus ochruros* – residente muito comum, frequenta zonas rochosas e também aglomerados populacionais; pode ser visto em quase todos os locais descritos neste livro.

- Rabirruivo-de-testa-branca *Phoenicurus phoenicurus* – estival muito escasso, que na serra da Estrela aparece quase exclusivamente em matas de folhosas, nomeadamente vidoeiros; o Covão da Ametade e o Vale do Rossim são os dois locais onde a sua presença tem sido registada mais assiduamente.

- Cartaxo-nortenho *Saxicola rubetra* – observa-se sobretudo durante a migração outonal, aparecendo então em locais com terrenos abertos, como o aeródromo de Pinhanços, a baixa do rio Seia, Piornos ou o planalto superior – neste último local, contudo, um indivíduo esteve presente em Junho de 2003.

- Chasco-cinzento *Oenanthe oenanthe* – estival nidificante bastante comum acima dos 1500 metros, sendo fácil de observar na Torre, no planalto superior, na Lagoa Comprida, nas Penhas da Saúde e em Piornos.

- Melro-das-rochas *Monticola saxatilis* – observa-se quase exclusivamente em zonas rochosas acima dos 1000 metros, nomeadamente na Lagoa Comprida, no planalto superior e no Cântaro Magro.

- Melro-azul *Monticola solitarius* – residente pouco comum e localizado, pode ser visto com regularidade na aldeia histórica de Linhares da Beira e, ocasionalmente, noutros locais da serra, mas só raramente aparece acima dos 1200 metros.

- Melro-de-peito-branco *Turdus torquatus* – este invernante é raro num contexto nacional, mas é relativamente frequente na serra, especialmente acima dos 1400 metros: observa-se no Cântaro Magro, nas Penhas da Saúde e no planalto superior; parece ser mais numeroso na passagem outonal que em pleno Inverno.

- Tordo-comum *Turdus philomelos* – como invernante, aparece um pouco por toda a região; em anos mais recentes, no âmbito de um processo de expansão pelo território nacional, tem sido também registada a presença de machos a cantar na Primavera em locais de baixa altitude, como a baixa do rio Seia, Sandomil ou Loriga.

- Tordoveia *Turdus viscivorus* – este tordo residente é razoavelmente comum por toda a serra, sendo habitual encontrá-lo, por exemplo, no Covão da Ponte, no Vale do Rossim, nas Penhas Douradas ou em Linhares.

- Tordo-zornal *Turdus pilaris* – invernante, ocorre nos andares mais elevados da serra da Estrela durante os meses mais frios; entre os locais habituais de ocorrência estão as Penhas da Saúde, a Torre, o planalto superior e o Vale do Rossim; a sua abundância é muito variável, em certos anos aparece em grande número.

- Toutinegra-tomilheira *Sylvia conspicillata* – espécie estival, rara na região da serra da Estrela, tem sido detectada com alguma frequência na zona de Piornos.

- Papa-amoras *Sylvia communis* – pequeno insectívoro do grupo das toutinegras, o papa-amoras frequenta zonas de matos entre os 500 e os 1700 metros de altitude, ocorrendo um pouco por toda a zona; é frequente em Loriga, no Sabugueiro, na Lagoa Comprida, na Nave de Santo António e em Videmonte.

- Felosa-de-bonelli *Phylloscopus bonelli* – estival frequente em toda a região, ocorre até ao limite superior das árvores, tanto em folhosas como em resinosas; alguns dos melhores locais de observação são: Sabugueiro, Covão da Ametade, Vale do Rossim, Penhas Douradas ou Linhares da Beira.

- Felosa-comum *Phylloscopus collybita* – observa-se sobretudo no Inverno, época em que tem uma distribuição alargada na região; existem também bastantes observações de machos a cantar na

Primavera em locais florestados acima dos 1000 metros, como o Covão da Ametade, as Penhas Douradas e o Vale do Rossim, sendo possível que haja uma pequena população nidificante na serra.

- Felosa-ibérica *Phylloscopus ibericus* – estival pouco comum, ocorre em densidades baixas, em geral em matas de folhosas ou galerias ripícolas; alguns locais onde parece ser regular são a baixa do rio Seia, os carvalhais de Linhares e o Covão da Ametade.

- Estrelinha-de-poupa *Regulus regulus* – invernante muito escassa, que tem sido registada com alguma frequência em zonas florestais acima dos 1000 metros; os dois locais com maior número de registos são o Vale do Rossim e as Penhas da Saúde.

- Estrelinha-real *Regulus ignicapilla* – residente bastante comum, que tem uma distribuição ampla e pode ser encontrada na maioria dos locais aqui descritos, até ao limite superior das árvores; entre os sítios onde é presença habitual, são de referir Sandomil, Linhares, Videmonte, Sabugueiro, Covão da Ametade e Penhas Douradas.

- Chapim-de-poupa *Lophophanes cristatus* – residente pouco comum, distribui-se um pouco por toda a região, sendo mais frequente em bosques de resinosas; pode ser visto na baixa do rio Seia, em Linhares da Beira, em Videmonte, na Nave de Santo António, no Vale do Rossim e nas Penhas Douradas, entre outros locais.

- Picanço-de-dorso-ruivo *Lanius collurio* – este picanço, migrador estival, é muito raro na serra da Estrela e o seu aparecimento na região é irregular; em 2016 um casal nidificou no Covão da Ponte.

- Picanço-barreteiro *Lanius senator* – estival muito escasso na região, sendo a zona de Linhares da Beira aquela onde pode ser visto com mais regularidade.

- Papa-figos *Oriolus oriolus* – estival pouco comum, em geral não aparece acima dos 900 metros, mas é bastante regular nas terras baixas, como na baixa do rio Seia, em Linhares ou Unhais da Serra.

- Pega-rabuda *Pica pica* – residente pouco abundante, esta pega é localmente comum na zona de Seia (baixa do rio Seia e Pinhanços), mas é muito escassa no resto da região e está ausente das zonas de maior altitude.

- Gralha-de-bico-vermelho *Pyrrhocorax pyrrhocorax* – este corvídeo de bico e patas vermelhas não parece nidificar na serra da Estrela, no entanto por vezes aparecem nas zonas mais elevadas, sobretudo na zona da Torre ou no Cântaro Magro, pequenos bandos destas aves, que nalguns casos ultrapassaram a vintena de indivíduos.

- Corvo *Corvus corax* – residente escasso, observa-se com alguma regularidade nas zonas de maior altitude, como a Torre, o planalto superior, o Cântaro Magro ou as Penhas Douradas, mas também aparece noutros locais.

- Pardal-montês *Passer montanus* – residente pouco comum, encontra-se em zonas rurais abaixo dos 1000 metros: Sandomil, baixa do rio Seia, Pinhanços ou Videmonte.

- Pardal-francês *Petronia petronia* – residente pouco comum e localizado, pode ser visto nalguns locais da vertente norte, nomeadamente no aeródromo de Pinhanços, em Linhares da Beira e ainda em Videmonte.

- Tentilhão-montês *Fringilla montifringilla* – invernante raro, que surge em números que variam muito de uns anos para outros, sendo as Penhas da Saúde o local mais favorável à sua observação.

- Cruza-bico *Loxia curvirostra* – possivelmente invernante, este granívoro ocorre na serra em números muito variáveis de ano para ano; manifesta preferência por plantações de pinheiros-de-casquinha, sendo as Penhas Douradas e o Vale do Rossim os dois locais onde tem sido observado com mais frequência.

- Escrevedeira-das-neves *Plectrophenax nivalis* – invernante rara, que surge quase todos os anos em números muito reduzidos na zona da Torre; esporadicamente observa-se noutros locais da serra, mas quase sempre no andar superior.

- Escrevedeira-de-garganta-preta *Emberiza cirlus* – residente pouco abundante, é frequente nas terras baixas mas é muito escassa acima dos 1000 metros; os melhores locais para a encontrar situam-se em Sandomil, Pinhanços, baixa do rio Seia e Linhares da Beira.

- Cia *Emberiza cia* – residente comum, observa-se por toda a região, especialmente em áreas de mato com afloramentos rochosos, como o Sabugueiro, a Lagoa Comprida, as Penhas da Saúde ou o planalto de Videmonte.

- Sombria *Emberiza hortulana* – estival, é frequente em zonas de matos sem árvores ou com árvores dispersas, sobretudo entre os 800 e os 1600 metros; é fácil de encontrar na Lagoa Comprida, na Nave de Santo António, nas Penhas da Saúde e no planalto de Videmonte.

Sobre o autor

Gonçalo Elias nasceu em Lisboa em 1968. Dedica-se à observação e ao estudo das aves desde Dezembro de 1987. Tem uma ampla experiência de campo, aliada a um bom conhecimento do território, tendo já visitado todos os concelhos de Portugal Continental e quase todos os das ilhas, bem como mais de 30 países, distribuídos por quatro continentes, com o intuito de observar aves selvagens. Colaborou em oito atlas ornitológicos em Portugal, Espanha e Tanzânia. É autor ou co-autor de diversos livros sobre as aves portuguesas e sobre os melhores locais para as observar: *Guia das Aves de Lisboa, As Aves do Estuário do Tejo, Atlas das Aves Invernantes do Baixo Alentejo, A Birdwatcher's Guide to Portugal, As Aves do Estuário do Sado, Aves de Portugal – Ornitologia do território continental, Aves de Portugal Continental – Lista Anotada, Birds of Portugal – An Annotated Checklist, Birding in Lisbon, Birding hotspots in the Algarve*, entre outros, bem como de diversos artigos publicados em revistas da especialidade. Sócio fundador da SPEA – Sociedade Portuguesa para o Estudo das Aves, a cuja Direcção pertenceu entre 1999 e 2002. Foi coordenador do CPR – Comité Português de Raridades entre 2002 e 2006. Desde 2007 promove a actividade de observação de aves usando as novas tecnologias de informação e comunicação, sendo fundador e administrador do Forum Aves (a maior comunidade online de observadores de aves em Portugal), lançado em Julho de 2007, bem como fundador e coordenador do portal avesdeportugal.info, lançado em Janeiro de 2008. No âmbito deste portal tem organizado, desde 2011, cursos online gratuitos, com o objectivo de promover, junto da comunidade lusófona, o desenvolvimento de competências de identificação das aves selvagens de Portugal.

É licenciado em Engenharia Electrotécnica e de Computadores (IST, 1991) e possui um MBA em Gestão de Empresas (UNL, 1996), sendo igualmente formador profissional certificado pelo IEFP.